팀장의 시대

팀장의 시대

자신의 역할과 책임을 고민하는
모든 리더들에게

류랑도 지음

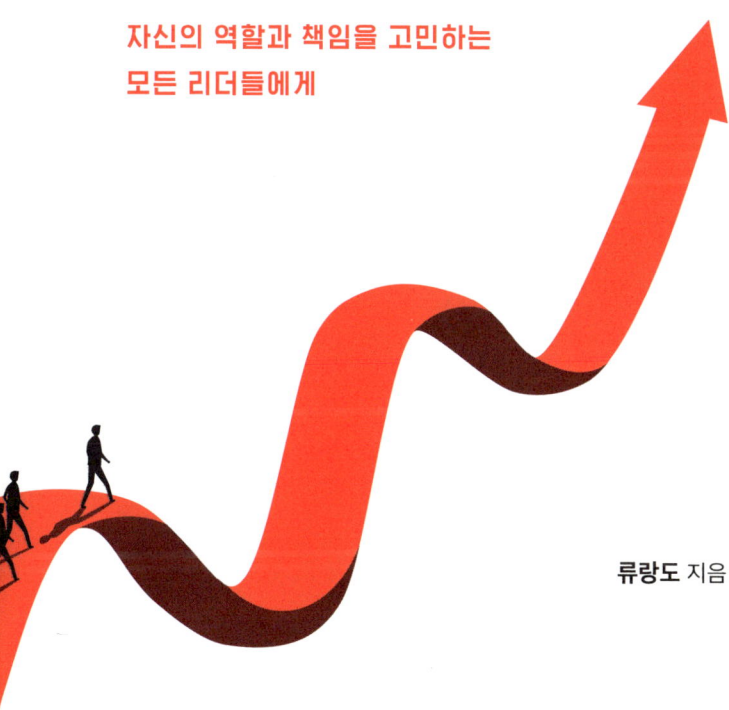

프롤로그

팀장이라고 해서
다 같은 팀장이 아닙니다

기업에 강의를 다니면 많은 사람들이 제게 종종 이렇게 묻습니다.

"어떻게 하면 사업을 빨리 성장시킬 수 있나요?"

"어떻게 하면 우리 팀이 성과를 낼 수 있을까요?"

이렇게 질문하는 이유는 조직을 성장시키는 궁극적인 방법을 알고 싶기 때문입니다. 그렇다면 조직을 성장시키는 방법만 알면 누구나 성과를 올릴 수 있을까요? 저는 '팀장'이 누구인지에 따라 다르다고 생각합니다. 팀장이라고 해서 다 같은 팀장이 아니기 때문입니다.

조직을 성장시키는 유일한 방법은 리더들을 성장시키는 것입니다. 특히 중간관리자 역할을 하는 팀장을 성장시키면 조직은 반드시 성장합니다. 그렇다면 팀장은 어떤 경로를 통해 성장하는 걸까요? 특별한 비법이 따로 있을까요? 단언하건대 효과적인 방법은 분명히 존재합니다. 우선 저는 '조직이 어떤 팀장을 육성하려고 하는가?' 그리고 '팀장 스스로 어떤 팀장이 되고자 하는가?' 이 두 가지가 결정한다고 봅니다.

그렇다면 팀장은 본질적으로 어떤 역할을 하는 사람일까요? 팀장은 CEO를 대신해 팀의 성과를 책임지는 사람입니다. 임원이 주로 맡는 본부장이나 실장과는 역할과 책임이 다르지요. 팀장은 단기 성과, 즉 현재의 성과를 책임지면서 팀원을 성장시키는 역할을 합니다. 반면 본부장은 중장기 성과, 즉 미래 성과를 책임집니다. 전체적으로 보면 팀장은 주로 '현재'를 책임지는 역할을 하고, 임원인 본부장은 '미래'의 성과창출을 위한 선행 미션을 책임집니다.

팀장이라고 해서 다 같은 팀장이 아닙니다.

**팀장은 상사형 팀장과 리더형 팀장으로 나뉩니다.
이를 구분하는 가장 중요한 기준은
'사람을 바라보는 기준'과 '의사결정의 기준'입니다.**

앞에서 저는 '조직이 어떤 팀장을 육성하려고 하는가?'가 가장 중요하다고 말했습니다. 물론 조직은 리더형 팀장을 육성하려고 할 것입니다. 그러나 현실은 이상과 다릅니다. 조직에 상사형 팀장이 많으면 팀원들은 그것을 그대로 따라 배우기 때문에 결과적으로 상사형 팀장이 많은 조직으로 대물림됩니다. 현재 우리나라의 기업에는 조직 특성상 상사형 리더가 대다수입니다. 그래서 MZ세대와 함께 일하기 힘들다는 하소연이 여기저기에서 터져 나오고 있습니다.

리더십은 거울과 같습니다. 그 조직의 모습을 그대로 반영합니다. 상사형 팀장과 리더형 팀장이 일하는 방식을 서로 비교해 보면 우리 조직이 어떤 리더십에 의존하고 있는지를 명백하게 알 수 있습니다.

상사형 팀장은 함께 일하는 팀원을 '아랫사람'으로 인식하고 바라보는 경향이 짙습니다. 팀원을 부하로 바라보기 때문에 그들을 자신의 역할과 책임을 수행하는 데 필요한 도구로 여기곤 합니다. 또한 상사형 팀장은 의사결정을 내릴 때 자신의 과거 경험이나 지식을 중심으로 판단하는 경향이 많습니다. 그래서 회의를 하거나 결재를 할 때 자신이 겪은 과거의 성공담이나 실패담, 혹은 자신만 아는(혹은 안다고 생각하는) 지식이나 정보를 자주 언급합니다. SNS나 다른 사람에게서 주워들은 풍월을 사례로 들기도 합니다. 결국 그런 기준으로 매사를 판단하다 보니 덧붙이는 말이 많고, 회의나 결재에 시간이 오래 걸리는 것이지요.

상사형 팀장의 핵심 역량은 '지시'와 '통제'입니다. 팀원들이 진행하는 일들에 대해 일일이 보고받거나 점검하고, 자신의 생각과 방식을 지시하고 통제합니다. 상사형 팀장과 함께 일하는 팀원들은 팀장의 능력과 역량이 대단할수록 상대적으로 수동적인 태도를 취할 수밖에 없습니다. 팀장 자신은 대단할지 모르지만 그와 함께 일하는 팀원들의 능력과 역량은 성장하지 못합니다. 상사형 팀장의 방식은 지금 시대에 어울리지 않는 낡은 리더십이며, 이런 리더십에 의존하는 조직은 쇠퇴할 수밖에 없습니다.

　반면 리더형 팀장은 함께 일하는 팀원을 '성과를 창출하기 위한 협업 파트너'로 인정하고 대우합니다. 그래서 팀원의 능력과 역량을 인정하고 존중합니다. 리더형 팀장은 수평적 역할을 기준으로 사람을 바라봅니다. 그러다 보니 팀원이나 상위리더를 대할 때도 나이, 근속연수, 외모나 성격으로 판단하기보다는 성과를 창출하기 위한 협업의 대상자로 바라보려고 노력합니다. 또 리더형 팀장은 '현장', '현상', '현물'이라는 소위 3현을 기준으로 의사결정합니다. 현장이란 과제가 실행되고 성과창출이 진행되는 장소이고, 현상이란 과제의 현재 상태를 말합니다. 마지막으로 현물이란 현장에서 진행되는 일들의 실제 모습입니다. 리더형 팀장은 자신의 과거 경험과 지식이 아무리 풍부하더라도, 그보다는 현장과 현상의 객관적인 데이터를 기준으로 판단하려고 합니다. 그래서 의사결정을 할 때 객관적 사실과 데이터를 중시합니다.

　성과를 창출하기 위한 일의 기준이 항상 현장과 팀원이기 때문에, 그와 함께 일하는 팀원들은 리더형 팀장에 대해 객관적이고 공정하다고 느낍니다. 더불어 팀원들은 자신이 성과창출의 주체라는 일에 대한 오너십을 가지고 일하기 때문에 자기주도적이고 자기완결적이며 열정적이고 능동적이고 도전적입니다.

과거 우리나라 직장에서 요구하는 팀장은 상사형 팀장이었습니다. 하지만 시장의 메커니즘이 고객 중심으로 바뀌고, 절대적인 근무 시간도 줄고, 재택근무, 원격근무, 온라인 관리가 증가하면서 모든 조직과 구성원들이 자기완결적인 책임 경영을 할 수밖에 없는 환경이 되었습니다. 또한 예전과 달리 AI를 비롯해 업무 수행을 위한 각종 시스템이 잘 갖춰져 있고, 인터넷만 연결하면 언제 어디서든 일할 수 있는 시대가 왔습니다.

그럼에도 불구하고 여전히 우리나라는 상사형 리더가 대다수를 차지하고 있는 실정입니다. MZ세대로 채워진 조직 구성원들 사이에서 더 이상 상사형 팀장은 설 자리가 없습니다. 이제 팀장들은 리더형 팀장으로 진화하든지, 아니면 팀장 역할을 그만두든지 둘 중 하나를 선택해야 합니다.

당신은 상사형 팀장이 되고 싶은가요? 아니면 리더형 팀장으로 변화하고 싶은가요? 여러분의 선택에 달려 있습니다. 이제부터 이 책을 통해 리더형 팀장으로 거듭나고자 하는 절실한 의지와 열정을 가진 모든 팀장, 부서장, 조직장들이 반드시 알아야 하는 팀장의 역할과 책임을 조목조목 소개하겠습니다. 더불어 어떻게 하면 변화된 시대에 맞게, MZ세대로 구성된 팀원들과 발맞춰 각자 맡은 역할과 책임을 다하면서 서로 성장할 수 있는지 구체적인 방법을 제시하겠습니다.

이 책을 통해 어렴풋하지만 분명히 존재했던 팀장이라는 역할과 책임의 모호함을 말끔히 걷어내는 것만으로도, 당신과 당신의 팀은 더욱 가볍고 빠르게 성장할 수 있을 것입니다. 대한민국 모든 팀장들이 리더형 팀장으로 혁신되는 그날까지 응원을 아끼지 않겠습니다.

성수동 협성재에서
류랑도

목 차

프롤로그

팀장이라고 해서 다 같은 팀장이 아닙니다   005

PART 1
팀장의 조건

Role

팀장의 존재 이유

나는 왜 이 일을 하는가	020
팀장이라는 자리가 사람을 만드는 걸까?	028
CEO는 우리 팀에 어떤 역할을 기대할까?	036
1년 후 우리 팀이 기대하는 모습은 무엇인가	044
팀원들이 오너십을 갖고 일할 수 있는 방법	056

2
Responsibility
책임을 진다는 것의 의미

"모든 책임을 지고 이 자리에서 물러나겠습니다"	066
일이 끝났을 때의 최종 상태를 먼저 그려라	071
성과목표 조감도를 어떻게 그릴까?	080
왜 우리 팀에만 일 못하는 팀원이 많을까?	089

PART 2
팀장의 5가지 핵심 역할

1
Criteria Communication
기준소통

왜 우리 팀은 소통이 잘 안 될까?	100
팀장의 말을 정확하게 전달하는 방법	107
팀원의 자율성을 높이려면 어떻게 소통해야 할까?	114
소통 역량도 훈련으로 향상될 수 있을까?	123
팀원이 진정으로 바라는 팀장의 모습	131

2

Empowerment

임파워먼트

누구에게 어떤 일을 맡겨야 할까?	140
팀원의 능력과 역량을 어떻게 진단할까?	147
최적의 인재를 구분하는 방법	155
절대 위임할 수 없는 팀장 고유의 업무들	162

3

Performance Coaching

성과코칭

왜 팀원들은 시키는 일만 할까?	170
기대하는 결과물을 만드는 기획과 실행력	179
스케치페이퍼로 성과코칭하는 방법	189
성과지향적 역할 행동을 정의하라	196

4

Delegation

델리게이션

팀원을 믿고 육성하는 최고의 기술	208
어떤 기준으로 일을 위임해야 할까?	216
전략과 방법을 스스로 고민하게 하라	223
팀원의 창의성은 자율성에서 발현한다	229

5

Performance evaluation and Feedback

성과평가와 피드백

우리는 회사와 무엇을 거래하고 있을까?	238
능력이 아니라 역량을 평가하라	261
실적이 아니라 성과를 평가하라	275
평가의 진정한 목적은 성장과 발전이다	296

에필로그

오늘부터 당신은 관리자가 아닌 팀의 경영자입니다	305

PART 1

팀장의 조건

조직에서 원하는 팀장은 어떤 팀장일까요?
팀장을 발탁하는 가장 중요한 기준은 무엇일까요?

조직은 실무 능력만 뛰어난 사람에게
팀장이라는 역할을 맡기지 않습니다.

"CEO라면 우리 팀에 어떤 역할을 기대할까?"

늘 이 질문을 가슴에 품고,
조직 전체의 관점에서 팀을 바라보고,
팀원들과 그러한 관점을 공유할 수 있는 사람이어야 합니다.

Role

팀장의 존재 이유

1

팀장은 왜 존재하는가?

나는 왜
이 일을 하는가

저는 직업상 많은 사람들을 만나는데요. 가끔 '저 친구는 참 행복해 보이는군'이라고 생각하게 될 때가 있습니다. 그런 사람들과 대화해 보면 공통점이 있습니다. 바로 자신이 '그 일을 왜 하는가?'에 대한 답을 분명히 알고 있다는 점입니다. 자신의 일에서 가치를 찾으면 일을 좋아하게 되고, 인생의 큰 부분이 채워지는 것 같은 느낌을 받을 수 있습니다. 진정한 이유와 목적을 갖고 일하는 사람은 인생에서 자연스럽게 행복과 충만함을 느낍니다. 무슨 일을 하든 일하는 데에 목적이 없을 수는 없습니다. 직장에서 하는 일뿐만 아니라 일상의 모든 일도 마찬가지입니다.

자신이 하는 일에 사명감이나 의미를 느끼지 못하면 동기부여도 어렵고 몰입도 역시 떨어집니다. 하지만 많은 사람들이 목적을 먼저 찾지 않고 당장 해야 할 일부터 시작합니다. 순서가 바뀐 것이지요. 이렇듯 순서가 바뀌면 가치가 전도되는 일이 발생합니다. 그래서 팀장의 역할이 중요합니다. 팀장은 팀원들에게 일하는 방법을 성과코칭해 주는 성과코치 역할 외에도, 먼저 일의 의미와 목적이 무엇인지 명확하게 알려주는 사람이 되어야 합니다.

여러분의 팀에도 일을 하는 이유와 목적이 분명히 있습니다. 조직에 필요 없는 팀이란 존재하지 않습니다. 한 가지 프로젝트만 끝내고 해산하는 TF(Task Force) 조직도 팀을 조직할 만큼 중요한 프로젝트이기 때문에 적임자들만 뽑아 임시로 팀을 만든 것입니다.

우리는 근무하는 동안 조직의 성과창출에 기여하기 위해 목적 지향적으로 모인 사람들입니다. 그러한 목적을 달성하기 위해 팀장은 팀원 모두에게 각자의 역할을 찾아주어야 합니다. 그것이 팀장이 할 일입니다. 때로는 일을 하는 이유와 목적이 추상적일 때도 있습니다. 팀원들이 막연하게 생각해 봤거나 혹은 아예 생각조차 해보지 않았던 데에서 일의 의미와 가치를 찾아내야 하는 때도 있습니다. 이렇듯 추상적인 것을 구체적으로 풀어 알려줘야 하는 것이 팀장의 역할입니다.

예를 들어 무더운 날 밖에서 발로 뛰어야 하는 영업팀 팀원들은 에어컨이 나오는 사무실에서 편하게 일하는 다른 팀 팀원들을 부러워할 수도 있습니다. 기획팀은 리더에게 자주 혼나고, CS팀은 고객에게 불평만 잔뜩 듣고, 홍보팀은 관련 업계 사람들과 술도 한잔해야 하니 늘 집에 늦게 들어갑니다. 인사팀은 희망퇴직, 권고사직 등의 업무를 맡아서 처리하다 보니 사내 모든 구성원에게 공공의 적이 되기도 합니다. 이처럼 각자의 역할을 하느라 어려움이 많습니다. 그런 팀원들에게 팀장은 어떻게 일의 의미와 가치를 찾아주어야 할까요?

영업팀 팀원들은 회사의 최종 성과를 실제로 창출해내는 역할을 합니다. 아무리 회사의 브랜드가 유명하고 성능이 뛰어난 제품을 만들었다고 해도 고객에게 제품의 가치를 제대로 설명할 수 없다면, 그래서 구매할 마음이 생기도록 고객을 설득하지 못한다면 회사의 매출은 일어나지 않습니다. 그만큼 영업팀의 역할이 중요하기 때문에 회사 조직도에서 영업조직이 맨 앞에 위치하는 것입니다. 영업팀 팀원이 힘들어할 때 팀장은 영업팀의 역할과 기여 가치에 대해 설명해 주어야 합니다. 그러면 팀원들이 힘들고 지치더라도 사명감을 갖고 일하게 됩니다.

인사팀도 마찬가지입니다. 회사의 경영 전략에 따라 인사 정책이 정해지면 실행해야 하는 것이 인사팀의 역할입니다. 인사팀 팀원도 사람이다 보니 희망퇴직이나 권고사직 같은 일이 개인의 가치관과 배치될 수도 있습니다. 하지만 인사팀의 역할은 회사와 구성원의 거래조건을 구체화하고, 회사가 대우하는 것만큼 기여하지 못하는 구성원들에게 경고 메시지를 보내고 자기계발을 독려해 역량을 향상시킬 수 있도록 하는 것입니다.

또한 우수한 인재를 확보하고 유지하기 위해 회사가 구성원에게 제시해야 하는 거래의 기준을 높이도록 경영진에게 제안해야 하는 일도 있습니다. 더 이상 거래가 힘든 구성원들에게는 그 이유를 설명해 주고, 굳이 현재 직장이 아니더라도 다른 직장에서 역량을 발휘할 수 있도록 권고하는 것도 인사팀의 역할입니다. 이처럼 인사팀이 경영진이 시키는 대로만 일하는 수동적인 조직이 아니라, 나름의 역할기준을 가지고 부가가치를 창출한다는 것을 팀장이 팀원들에게 구체적으로 알려주어야 합니다.

팀장은 팀원들이 하고 있는 일의 의미와 가치에 대해 그들이 구체적으로 공감할 수 있도록 커뮤니케이션해야 합니다. 우리 팀이 조직에 어떻게 기여하고 있는지, 팀장이 생각하는 일이란 무엇인지, 팀원 한 명 한 명이 얼마나 소중한지 등 팀원들이 행복하게 일할 수 있는 근무환경을 조성해 주어야 팀원들은 자신이 소속된 팀에 뜻을 두고 일하려는 의지를 갖습니다. 그저 월급 받으려고 일하는 것이 아니라 자신이 조직에 중요한 기여를 한다고 생각하는 순간, 팀원들은 일할 동기를 갖고 의욕을 발휘합니다.

팀원에게 일깨워줘야 할 존재 목적

우선 팀장부터 '나는 왜 이 일을 하는가?'에 대한 분명한 답을 가지고 있어야 합니다. 일에서 의미를 발견하면 일을 좋아하게 되고, 결국 자기 스스로를 사랑하게 됩니다. 팀장은 본인도 그렇게 변해야겠지만, 팀의 수장으로서 팀원들을 이끌려면 삶에 대한 태도부터 긍정적으로 바꿔야 합니다.

팀장은 다음 세 가지 질문을 던져 팀원이 왜 이 회사에서 일하는지, 존재 목적과 그 이유를 구체적으로 정립하도록 도와줄 수 있습니다. 자신의 존재 목적과 이유를 깨달은 팀원은 무의미하게 흘려보냈던 지난날을 반성하고, 회사에 필요한 인재가 되고자 자발적으로 노력하게 됩니다. 아직 생각이 정리되지 않은 팀장이라면 자기부터 먼저 하루쯤 시간을 내어 다음의 세 가지 질문에 답해 보는 것도 좋습니다.

왜 일하는가?

팀원에게 '나는 왜 일하는가?'에 대해 고민할 시간을

줍니다. 조직에 들어온 지 얼마 안 된 팀원에게 가장 효과가 좋고, 과·차장급도 고민해 보면 좋은 주제입니다. 대학원에 진학할 수도 있고 유학을 갈 수도 있고 자기 사업을 할 수도 있고 다른 회사에 취직할 수도 있고 가사일에 전념하거나 세계 여행을 떠날 수도 있는데, 나는 왜 이 일을 선택했는가? 돈을 모으기 위해서, 경력을 쌓기 위해서, 그냥 일이 재밌어서 등 각자 자신만의 대답이 나올 것입니다. 그리고 좀 더 깊이 생각해 보면 그렇게 답한 자신만의 이유와 목적을 찾게 됩니다.

왜 이곳인가?

우리나라에 직업이 1만 2000여 가지라고 하는데 그 수많은 직업 중에서 여러분은 왜 이 일을 선택했나요? 현재 직업으로 일할 수 있는 곳이 여러분 회사 말고도 많을 텐데 왜 하필 지금의 조직을 선택했나요? 대부분의 사람들이 회사를 선택할 때 연봉, 사람, 업무 세 가지 중 두 가지만 충족해도 성공했다고 합니다. 그만큼 세 가지를 모두 충족시키는 회사는 별로 없다는 뜻입니다. 먹고 살기 급해서 취업했다고 하더라도 다시 준비해 다른 회사에 재취업을 할 수도 있었을 텐데, 굳이 이곳에 다녀야겠다고 결심한 이유는 무엇인가요? 연봉, 복지, 출퇴근 거리, 친한 동료 등 오늘도 우리를 출근하게끔 만드는 원동력, 우리 회사의 장점과 매력을 찾아봅니다.

무엇을 공헌할 것인가?

혹시 여러분은 회사로부터 무엇을 받아야 하는지, 무엇을 받고 싶은지만 잘 아는 것은 아닌가요? 팀원 각자가 자신의 역할을 다하고 성과를 창출할 때 조직은 그 팀원과 계속 일하기를 바랍니다. 자신이 조직에 공헌할 수 있는 것, 창출할 수 있는 부가가치가 무엇인지를 알아야 하고 찾아야 하는 이유입니다. 여러분에게 일터를 주고, 출근하게끔 유인 요건을 제공하는 조직에 여러분은 무엇을 공헌할 것인지 고민해 봅니다.

팀장이라는 자리가
사람을 만드는 걸까?

조직에서 가장 민감한 문제 중 하나는 '자리'가 아닐까 합니다. 자리가 사람을 만든다는 말도 있으니까요. 상대적으로 높은 자리는 인정과 명예, 고소득, 그리고 다른 사람에게 행사할 수 있는 영향력을 의미하기도 하지요.

팀장은 영향력을 발휘할 수 있는 자리(무대)를 확보했다고 해도 과언이 아닙니다. 그래서 열정이 넘치는 모든 팀원의 첫 번째 목표는 '미래에 팀장이 되는 것'입니다. 팀장과 팀원의 자리, 역할, 책임은 확연히 다르고, 보통 팀장부터 리더라고 부르기 시작합니다. 그만큼 팀장은 조직의 핵심인재라고 할 수 있습니다.

그렇다면 조직의 핵심인재인 팀장이 가장 먼저 던져야 할 질문은 무엇일까요? 팀장이라는 자신의 직책과 위치$_{position}$에서 '어떤 가치 창출로 조직에 공헌할 것인가?'를 물어야 합니다. 공헌할 수 있는 가치를 정의하는 것, 이것이 팀장으로서 자신이 조직에 존재하는 이유이기 때문입니다. 조직의 구성원이자 팀의 리더로서 팀원, 상위리더, 고객, 조직, 사회에 기여해야 할 가치가 무엇인지 모르면 당연히 자신이 무슨 일을 해야 하는지도 모릅니다. 자신의 고객이 누구인지 모르고, 고객에게 기여해야 할 가치도 모르면 일의 결과뿐만 아니라 일하는 과정 역시 목적에 부합하지 못할 것입니다. 이런 상태인 팀장이 일하는 목적과 방법에 의구심을 갖고 있는 팀원을 이끌고자 한다면, 강압적으로 지시하고 명령할 수밖에 없는 무척 불행하고도 비합리적인 인간관계가 만들어질 것이 분명합니다.

팀장이 자신의 역할을 제대로 알고 올바르게 실행하려면 어떻게 해야 할까요? 상대방과의 관계, 고객과의 관계, 조직과 자신과의 관계를 되돌아보고 각각의 관계에서 자신에게 요구되는 것이 무엇인지를 되짚어봐야 합니다.

하고 싶은 일이 아니라 해야 할 일

조직에서 내가 해야 할 일을 하는 것, 당연한 이야기처럼 보이지만 직장에서 마땅히 해야 할 일을 하지 못하고, 하지 않아도 되는 일을 하는 경우가 허다합니다. 그 이유는 자신이 해야 할 역할의 의미와 가치를 제대로 모르기 때문입니다.

원하든 원하지 않든 우리는 누구나 살아가면서 여러 역할을 맡습니다. 부모와 자식, 교수와 학생, 지도자와 선수, 팀장과 팀원 등 다양한 관계 속에서 부여받은 역할이 누구에게나 있기 마련입니다. 즉, 우리는 일정 기간 동안 자신이 해야 할 구체적인 일을 수행하며 살아가고 있습니다.

'역할役割'은 해야 할 일, 과제, 과업을 뜻합니다. 한편 조직에서의 역할은 연간 사업계획이나 상위조직의 중장기 목표를 달성하고 전략을 실행하기 위해 자신이 해야 할 일을 의미합니다. 조직에서는 역할을 '직책'이라고 부르기도 합니다. 우리가 흔히 많이 사용하는 업무 분장과는 다른 개념이지요. 업무 분장이 해야 할 일을 총망라해 일을 배분하는 개념이라면, 역할은 사업계획과 연계된 개념이라고 할 수 있습니다. 또한 '쓸데없는 일 말고 꼭 필요한 일을 수행한다'라는 뜻이 '할割(베다, 자르다)'이라는 한자어에 내포되어 있습니다.

직장은 조직 전체 혹은 상위조직의 성과창출에 기여하기 위해 하위조직과 구성원 각자가 역할을 분담하고 맡은 일을 해나가는 집단입니다. 역할은 '할당된 배역'의 준말로, 자신의 직책이나 위치에 주어진 것이기 때문에 개인적으로 하고 싶지 않더라도 해야 할 일이라면 반드시 해내야 합니다. 즉, 하고 싶은 대로 하는 것이 아니라 해야 할 일을 해야만 한다는 뜻입니다. 그러므로 팀장인 여러분은 자신이 조직을 위해 해야 할 일이 무엇인지, 여러분의 위치에서 어떤 역할을 해내야 하는지를 명확하게 인식해야 합니다. 팀장 스스로가 역할을 제대로 정립하지 못하면 팀원들의 역할도 명확하게 규정해 줄 수 없습니다.

만약 팀장의 직책이나 위치에서 자신이 해야 할 일을 모르거나 알아도 할 생각이 없다면, 그 자리에서 물러나야 합니다. 역할에는 미션mission, 즉 사명감이라는 전제가 항상 따라다닙니다. 자기 마음대로 하고 싶은 일만 해서는 안 됩니다. 자신의 위치와 직책에서 해야 하는 일을 반드시 하는 것이 조직의 직책 수행자들이 가진 역할입니다.

요구에 따라 달라지는 팀장의 역할

구체적으로 역할에는 직책별 역할, 기능별 역할, 기간별 역할이 있습니다. 이 세 가지 중에서 팀장에게 요구되는 가장 중요한 역할은 직책별 역할입니다. 팀장이라는 직책이 반드시 해야 할 일, 과제, 역할 행동이 포함되기 때문입니다.

직책별 역할

팀장은 팀의 현재, 즉 단기 성과를 책임지고 창출해 내야 합니다. 그러기 위해서는 자신을 포함하여 팀원들에게 해당 기간의 성과목표를 성과로 창출해 내기 위한 역할과 책임을 공정하고 투명하게 할당해야 합니다. 더불어 팀원들이 성과를 창출해 내는 과정에서 통제 불가능한 외부환경요인이나 내부역량요인이 리스크로 작용하지 않도록 리스크 관리risk management를 해야 합니다. 또한 팀이 지속적으로 성과를 창출할 수 있도록 혁신하고 개선해야 할 과제와, 2~3개월 후의 성과창출을 위한 선행과제를 미리 도출하고 직접 실행해 준비해야 합니다.

팀원들을 성과코칭하는 것도 팀장의 중요한 역할입니다. 이는 팀원이 성과목표를 성과로 창출하기 위한 인과적인 전략과 실행 방법을 창의적이고 혁신적으로 수립할 수 있도록, 기준과 내용의 정합성을 검증檢證하고 감리監理하는 것을 말합니다. 일종의 품질보증Quality Assurance인 셈이지요. 실행한 후에는 팀원들의 목표 대비 성과와 계획 대비 실적을 리뷰하고, 원인 분석을 통한 개선과제 도출과 만회대책을 수립할 수 있도록 성과코칭해야 합니다. 또한 실행 과정에서 드러난 능력과 역량의 부족 부분에 대해 개발 계획을 세우고, 팀원이 성장할 수 있도록 육성해야 합니다.

기능별 역할

기능별 역할이란 상위조직에 기여하기 위한 소속 조직과 개인의 수행과제 내용입니다. 그리고 이는 다른 조직이나 담당자와 구분되어야 합니다. 본부별, 사업부별, 팀별, 팀원별로 회사의 해당연도 사업계획에 따라 가장 우선적으로 수행해야 하는 과제, 선택과 집중을 해야 하는 수행과제를 말합니다.

기간별 역할

기간별 역할은 연간, 반기, 분기, 월간, 주간, 일일과 같이 정해진 기간 안에 반드시 해야 할 일이나 과제를 말합니다. 기간별 역할을 수행할 때는 긴 기간 동안 책임져야 할 결과물을 작은 목표로 잘게 캐스케이딩cascading하여 세부 기간별 역할과 책임을 구체화해야 합니다. 이를테면 분기별 성과목표를 성과로 창출하기 위해서는 이를 월간 과제와 성과목표로 잘게 쪼개어 선행과정목표의 형태로 설정하는 방식입니다. 리더 역할을 수행하는 팀장은 팀원에게 실무를 위임한 과제를 제외하고, 자신이 책임져야 할 전략과제가 무엇인지를 기간별로 도출해 직접 수행해야 합니다.

CEO는 우리 팀에
어떤 역할을 기대할까?

팀에서 진행하는 프로젝트는 하나의 사업입니다. 그 사업을 통해 팀은 조직의 성과를 창출해 내는 기본 단위로 기능합니다. 리더십을 발휘해 팀을 이끌고 성과를 창출해 내야 하는 팀장이 회사의 실질적인 주인공, 즉 팀의 CEO인 셈입니다. 그만큼 팀장은 조직에서 절대적으로 중요한 존재입니다.

팀장 역할의 중요성과 비중이 커진 배경을 말할 때 '팀제의 확산'을 빼고는 설명하기 어렵습니다. 수직적 구조의 부과제 조직을 수평적 구조의 팀제 조직으로 혁신하면 무엇이 달라질까요? 의사결정이 신속해지고 실무자를 전문가로 육성할 수 있습니다. 실무자는 전문성과 책임성이라는 역할을 부여받아 전문가로 성장하고, 조직은 그러한 전문성을 갖춘 인력을 탄력적으로 운용하면서 조직의 효율성과 기동성을 제고할 수 있습니다.

팀제는 팀장에게 부여하는 권한과 위임의 범위를 확대했습니다. 결과적으로 팀장이 팀의 성과를 좌우하는 중요한 변수가 된 것입니다. 그래서 팀제의 성공은 '팀장이 어떤 역할을 담당하는가'에 의해 좌우됩니다. 팀장의 역할은 크게 두 가지로 나눠볼 수 있습니다.

CEO의 뜻을 전달한다

조직의 규모가 커진다는 것은 반가운 일입니다. 하지만 그럴수록 CEO가 관리해야 할 물리적 영역이 넓어지고, 자연히 CEO는 현장에서 멀어집니다. 업무에 쫓기고 사람 장막에 가려지다 보면 한정된 정보에 얽매여 현실을 직시하는 눈도 어두워집니다. 그래서 CEO의 역할을 대신해 줄 팀장이 필요합니다.

조직에서 원하는 팀장은 어떤 팀장일까요? 팀장으로 발탁하는 데 가장 중요한 기준은 무엇일까요? 조직은 실무 역량만 뛰어난 사람에게 팀장 역할을 맡기지 않습니다. 상위조직에서 시키니까 억지로 따라가는 사람도 탈락입니다. 과거에는 수동형 팀장을 선호하는 조직도 있었지만 현재는 다릅니다. 팀장은 CEO처럼 생각하고 일하며 조직을 이끌 수 있는 사람이어야 합니다. 비즈니스 환경에서 'CEO는 우리 팀에 어떤 역할을 기대할까?'를 자문하면서 조직 전체의 관점에서 팀을 바라보고, 팀원들과 그러한 관점을 공유할 수 있는 사람이어야 합니다.

조직의 규모가 큰 대기업 팀장만 CEO의 뜻을 전달하는 데 어려움을 겪는 것은 아닙니다. 인원이 많든 적든 대부분의 조직에서 CEO의 뜻이 모든 구성원에게 정확히 전달되기란 쉽지 않습니다. 옆자리 동료처럼 자주 만날 수도 없고 직책상의 거리감도 상당하기 때문입니다. 더불어 직위나 직책이 낮은 구성원일수록 CEO의 이야기를 자신과 별 상관없는 것으로 여기기 쉽습니다. 대다수의 기업 CEO가 신년회나 비전 선포식을 통해 구성원

전체를 한자리에 모아놓고 비전이나 연간 목표, 핵심가치를 상기시키는 것도 이 때문입니다. 정보도 그렇겠지만 누군가의 뜻이나 의도를 왜곡 없이 온전하게 전달하는 것은 어렵습니다. 듣는 사람마다 자신의 경험과 지식을 바탕으로 해석하기 때문에 얼마든지 와전될 수 있습니다. 따라서 CEO와 구성원 사이에서 메시지를 전달하는 팀장은 CEO의 대리인으로서, CEO와 같은 마음가짐으로 일해야 합니다. 조직의 연간 목표, 핵심가치, 올해의 주요 이슈 등 CEO가 전달하고자 하는 사항들에 대해 정확한 내용을 전달함은 물론이고, 팀의 상황에 맞게 재해석하여 팀원들에게 전달할 수 있는 역량도 필요합니다. 그래야 조직 내부의 모든 팀이 같은 뜻을 가지고 회사와 한 방향으로 나아갈 수 있습니다.

현장을 경영한다

현장은 부가가치를 생산하는 핵심 공간입니다. 손에 쥐어지는 제품을 생산하는 곳도 현장이지만, 업무 수행을 통해 부가가치를 만드는 사무실 역시 현장입니다. 성과창출이 이루어지는 모든 곳이 현장이고 이곳에서 팀장은 심장과 같은 역할입니다. 심장이 쉬지 않고 혈액을 공급해야 신체의 모든 장기가 원활하게 자기 할 일을 하는 것처럼, 팀장은 현장과 경영진을 연결해 정보를 통하게 만드는 심장입니다. 말하자면 현장에서 과제 수행을 진두지휘하는 동시에 전사적 차원에서 CEO가 회사를 제대로 경영할 수 있도록 끊임없이 소통하는 역할을 하는 것입니다.

그런데 만약 조직의 심장인 팀장이 제 역할을 하지 못하면 어떻게 될까요? 조직에 치명타를 입히는 것은 물론 팀장 자신도 치명타를 입게 됩니다. 심장이 잠시라도 멈추면 뇌에 산소가 부족해져 치명적인 손상을 입고 최악의 경우 사망에 이르는 것처럼, 팀장이 조직에서 맡은 바 소임을 제대로 다하지 못하면 심장이 멈춘 몸처럼 기업은 급속도로 무너지고 맙니다.

**CEO가 중요한 의사결정을 제대로 할 수 있도록
현장의 현상을 객관적인 사실로 생생하게 알려주고,**

그 현장을 이상이 없도록 유지해야 하며,
심지어 그 안에서 성과까지 창출해 내야 합니다.

바로 이것이 상위조직의 경영자도, 팀원들도, 기업의 교육 담당자들도 모두가 팀장을 주시하는 이유입니다. 그렇다면 팀장은 현장 경영자로서 구체적으로 무엇을 경영해야 할까요?

고객을 경영한다

언제나 문제의 답은 현장의 고객들로부터 얻을 수 있습니다. 즉, 고객의 니즈와 원츠를 제대로 파악하지 못하면 답을 찾을 수 없습니다. 문제 해결의 출발점은 고객과 관련된 현장 분석입니다. 기업에서 현장은 곧 고객을 경영할 수 있는 기회입니다. 그러므로 현장을 방문해 고객을 직접 만나보면 팀원에게서 전달받지 못했던 숨은 문제점과 함께 해결의 실마리도 찾을 수 있습니다.

팀원을 경영한다

조직은 한정된 자원인 인력, 예산, 시간 등을 활용해

최대의 가치를 창출하고자 합니다. 그 때문에 팀원의 역할에는 선택의 법칙인 파레토의 법칙이 적용됩니다. 역할 수행을 잘하기 위해서는 책임의 범위와 내용, 일 처리 절차, 업무 지식, 업무 스킬, 업무 태도, 업무 경험의 종합인 '업무 수행 능력'이 선결되어야 합니다. 팀원 개개인의 역할이 부진하면 전체 자원의 총량에 대비해 효율성이 떨어지고, 조직에서 기대하는 부가가치가 목표한 만큼 성과로 창출되지 않습니다.

성과를 경영한다

팀장 혼자서는 CEO로부터 부여받은 팀의 성과를 창출할 수 없습니다. 아무리 뛰어나더라도 한 사람의 능력과 역량에는 한계가 있기 때문입니다. 그러므로 팀의 성과를 창출하기 위해서는 팀장과 팀원이 각자의 역할과 책임을 구체적으로 나눠야 합니다.

팀원이 지속적으로 수행해야 하는 연간 단위의 과제는 어떻게 배분할 수 있을까요? 먼저 팀의 연간 성과목표를 구체적으로 세분화한 후 연초에 성과목표를 부여하고, 인과적 전략을 성과코칭한 후 권한위임을 하면 됩니다. 하지만 팀의 성과창출을 위해 팀원들이 어떤 역할과 책임을 실행해야 하는지 연초에 일괄적으로 결정할 수 없는 경우가 많습니다. 그래서 외부의 환경 변화와 팀의 내부 상황을 고려해 분기나 월간으로, 그리고 외부 환경요인이나 업무의 특성에 따라 주간이나 일일 단위로 역할과 책임을 탄력적으로 분담하고 실행하게 해야 합니다.

1년 후 우리 팀이
기대하는 모습은 무엇인가

여러 사람이 같은 대상을 보더라도 사람마다 어떤 의미를 부여하는가에 따라 대상의 가치는 달라집니다. 의미가 마음의 태도를 결정하기 때문입니다. '미션' 역시 마찬가지입니다. 미션이란 존재의 목적, 사명감, 조직이나 사회에 자신이 기여하고자 하는 가치를 의미합니다. 좁은 의미로는 해야 할 일, 임무, 역할, 수행과제를 뜻하고, 넓은 의미로는 존재의 목적, 업의 본질, 기여하고자 하는 가치, 사명을 뜻합니다. 기업이나 팀의 미션은 개인으로 치면 삶의 목적과 같습니다.

기여해야 할 가치를 결정하는 신념

미션은 기여하고자 하는 대상target과 대상에게 기여하고자 하는 가치value로 구성됩니다. 어떤 대상에게 무엇을 어떻게 기여할 것인지 나타낼 수 있다면 그것이 곧 미션이 됩니다. 식품회사의 경우 '건강한 먹거리로 국민의 건강 증진에 기여한다'거나, 의류회사인 경우 '패션을 어려워하는 사람들도 패셔니스트가 될 수 있게 자신감을 불어넣는다'와 같이 미션을 이야기할 땐 기여하고자 하는 대상과 가치를 명확하게 나타내야 합니다. 개인의 미션도 같은 방법으로 설정하면 됩니다.

조직에서 미션은 장기적 관점과 단기적 관점으로 나뉩니다. 먼저 장기적 관점은 미션 고유의 정의에 부합하는 내용으로, 현재 근무하고 있는 회사에서 퇴직할 때까지 기여하고자 하는 가치 기준을 말합니다.

단기적 관점의 미션은 연산, 분기, 월간 단위로 회사에 기여해야 할 일이나 과제를 말합니다. 미션이라는 말 자체에 가치 지향적인 일, 중요한 일, 우선적으로 해야 할 일이라는 뜻이 포함되어 있기 때문에 장단기 관점에서 자신의 미션을 깨닫고자 한다면, 먼저 자신의 역할을 분명히 알아야 합니다. 팀은 조직에 필요하기 때문에 만들어졌습니다. 그래서 팀은 존재 목적이 분명해야 합니다. 팀장은 팀원들에게 팀의 존재 목적이 무엇인지, 이를 실현하기 위해 어떤 책임과 역할을 수행해야 하는지, 상위 조직에 기여해야 할 가치가 무엇인지를 구체적으로 알려줘야 합니다.

팀장이 상위 조직의 미션, 즉 상위 조직에 공헌해야 할 것을 제대로 알고 있느냐 없느냐에 따라 팀장은 크게 둘로 나뉩니다. '비전vision이 있는 팀장'과 '비전이 없는 팀장'이지요. 리더가 발휘하는 리더십의 깊이와 너비는 리더 그 자신이 품는 비전을 뛰어넘지 못합니다. 그렇기 때문에 비전이 중요합니다. 사람은 저마다 눈앞의 현실에 만족하고자 하는 심리를 갖고 있습니다. 이러한 심리적 틀 때문에 현재의 사고방식과 행동 패턴을 바꾸기가 매우 힘든 것입니다. 그런데 이 심리적 한계를 뛰어넘도록 도와주는 것이 있습니다. 바로 비전입니다.

먼저 팀장 자신의 비전이 명확해야 팀원들도 자신의 심리적 틀을 깨고 스스로 동기부여할 수 있습니다. 그러면 일도 자율적이고 주도적으로 추진하게 됩니다. 반면 팀장이 비전을 제시하기보다는 매사에 팀원 대신 생각하고 의사결정해 버리면, 팀원은 수동적으로 일하는 데 익숙해지고 심리적 틀에 갇히게 됩니다.

비전은 현재를 결정하는 미래의 모습

사실 능력과 역량만 갖추면 그럭저럭 일을 해낼 수 있습니다. 일하는 방법도 배울 수 있고 남들보다 더 잘할 수도 있습니다. 하지만 여기에 미션과 비전이 더해지면 완전히 다른 결과를 냅니다. 미션과 비전을 갖고 일하는 사람은 장기전에 강합니다. 어려움 앞에서도 쉽게 지치지 않고 끝까지 살아남습니다. 장기전의 승패는 '일하는 의미'에서 갈리기 때문입니다. 일하는 방법은 노력해서 배울 수 있지만, 일하는 의미는 스스로 깨달아야만 얻을 수 있습니다. 방법만 알고 의미를 모르는 사람은 매사에

정성과 감사가 없고, 시간이 갈수록 동기와 열정이 옅어집니다. 그래서 팀장은 팀원들 각자가 그 일을 해야만 하는 목적과, 그 목적을 이루기 위한 행동과 목표의식을 갖도록 '좋은 질문'을 던져야 합니다.

비전은 팀장 개인만의 문제가 아닙니다. 조직에도 비전이 없으면 미래도 없고 발전도 없습니다. 그래서 일차적으로는 회사의 비전이 명확해야 합니다. "너희 회사는 비전이 어떠니?"라는 이야기를 들어봤을 것입니다. 이 말은 지금 다니고 있는 회사가 앞으로 성장하고 발전할 것 같은지를 묻는 것입니다. 한마디로 '희망이 있는가?'입니다. 아무리 근무환경이 좋고 동료들과 친하게 지낸다 해도 비전이 보이지 않는 조직에서는 희망을 품기가 어렵습니다. 팀원들은 비전이 있는 팀장, 비전이 있는 조직을 원합니다.

미션은 조직이 나아가야 할 방향을 제시하고, 비전은 구성원들에게 도달할 목적지를 명확하게 보여줍니다. 이 때문에 조직에서 비전과 미션은 그 무엇보다 가장 중요한 이슈입니다. 비전은 현재를 결정하는 미래의 생생한 모습입니다. 그래서 미래의 일정 시점에 되고자 하는 모습을 구체적으로 표현해야 합니다. 이때 꼭 3년 후, 5년 후와 같이 먼 미래만 생각할 필요는 없습니다.

**팀장이 제시해야 할 비전의 핵심은
'1년 후 우리 팀의 기대 모습'입니다.**

팀은 실행 조직이므로 앞으로도 계속 존재할 수 있겠지만, 1년 후에 어떻게 될지는 알 수 없습니다. 그래서 3년 후쯤의 중기 비전을 바탕으로 1년 후 미래의 모습을 현재 모습과 비교하여 제시하는 것이 중요합니다. 조직의 비전이 분명해야 구성원의 비전도 설정할 수 있습니다. 비전에는 달성 시점과 달성된 모습의 조건이 담겨야 하고, 미래에 대한 전망과 미래의 모습이 명확하고 완벽하게 갖춰져야 합니다. 왜 그러한 비전을 가져야 하는지, 그 비전을 통해 기대하는 바가 무엇인지 이유와 명분이 확실해야 한다는 뜻입니다.

목적지가 명확해야 한 방향으로 달릴 수 있다

　어딘가에 소속된 순간부터 우리는 그 조직의 일원으로서 특정한 역할을 부여받습니다. 조직의 일원이 된 이상 내가 하고 싶은 업무만 골라서 할 수는 없습니다. 회사는 조직을 더 효율적이고 효과적으로 운영하기 위해 기능별로 업무를 진행시킬 실무자들을 확보하고, 그들을 이끌 팀장을 임명합니다.

　팀장은 팀이 추구하는 성과를 창출해 내기 위해 팀원들에게 명확한 목적지를 알려줘야 합니다. 목적지를 명확하게 공유하면 모든 팀원이 똑같은 목적의식을 갖고 업무에 쏟는 노력과 에너지를 한 방향으로 집중시킬 수 있습니다. 물론 그러기 위해서는 팀원들이 수긍할 수 있는 목적지를 제시해야 합니다.

　그런데 종종 팀장이 팀의 목표보다 자신이 돋보일 만한 개인 목표에 더 큰 관심을 갖는 경우가 있습니다. 직위나 직책이 높아질수록 승진 기회가 줄어들기 때문에 팀장들이 부서 내에서 혹은 부서 간에 이기주의를 조장하는 경우도 있습니다. 이는 빠른 시간 안에 뭔가 눈에 보이는 실적을 내놔야 한다는 압박감에서 생기는 문제입니다. 또한 가장 기본적인 것을 간과해서 혹은 직위가 올라갈수록 판단력이 흐려져서 생기는 문제라고 볼 수 있습니다.

팀은 팀장 개인의 꿈을 이루기 위한 수단이 아닙니다. 그리고 팀원은 팀장의 개인 성과를 만들어주는 조력자가 아닙니다. 팀원은 팀을 위해 존재하고, 팀장도 당연히 마찬가지입니다. 팀장은 팀원들보다 먼저 미래를 보고, 그 모습을 가시화하며 일의 방향을 제시해야 합니다. 팀원들에게 꿈과 열정을 심어주고 일상의 업무를 잘 꾸려 나가도록 코칭하는 것이 팀장의 역할입니다.

팀장은 조직으로부터 빨리 인정받고자 하는 개인적인 욕심을 버리고, 팀의 비전을 세우고 팀원들과 함께 나아가야 합니다. 팀은 조직의 궁극적인 비전을 달성하기 위해 각자가 잘할 수 있는 일을 하고자 모인 집단입니다. 팀은 지속적으로 해야 할 일이 있기 때문에 유지됩니다. 그리고 일의 방향이 명확할 때 비로소 팀원들은 고민 없이 효율적으로 일할 수 있습니다. 어디로 가야 하는지도 모르는데 에너지를 쏟는 바보는 없습니다. 팀원은 자신이 팀에 기여하고자 하는 가치가 구체적이고 비전이 명확할 때 자연스레 일의 주인이 됩니다. 일에 대한 주도권과 책임감을 가지면 무슨 일이든 즐겁고 의미 있게 느낄 수 있습니다.

팀장이 팀원에게 보여주어야 하는 비전

비전은 미션을 추구하기 위한 실행 수단으로, 해당 주체가 가장 잘할 수 있는 주특기입니다. 팀장이 팀원들에게 보여줘야 할 비전은 '회사의 비전', '팀의 비전', 그리고 '팀원 개인의 비전'입니다.

회사의 비전

앞에서 팀장은 CEO의 대리인이라고 했습니다. 아무리 CEO가 회사의 비전을 강조해도 팀원들은 체감하기 어렵습니다. CEO가 말하는 비전은 임원진이나 리더들이 전략을 실행해 성과로 창출해 내야 할 거대하고 어려운 과제로 느껴질 뿐, 구성원 개개인이 '나도 그 비전을 달성해야 하는 한 사람'이라고 생각하지는 않습니다. 팀장은 CEO와 팀원 사이에서 회사가 제시하는 비전의 구체적인 의미와, 비전 달성을 위해 추구하는 중장기 목표를 명확히 이해하고 공유할 수 있어야 합니다. 이처럼 회사의 중장기 목표를 명확히 알려주고, 목표를 성과로 창출해 내기 위한 우리 팀과 팀원들의 역할을 구체화시켜 줄 때 팀원들은 소속감과 책임감, 기대감을 가지고 업무에 임합니다.

팀의 비전

회사나 상위조직의 궁극적인 목표를 성과로 창출해 내기 위해 각 팀들이 책임져야 할 목표가 있습니다. 해마다 설정하는 단기 목표 성격의 비전도 있지만, 3~5년에 걸쳐 달성해야 하는 중장기 목표도 팀에 주어집니다. 이런 중장기 목표가 캐스케이딩되어 팀의 1년을 결정합니다. 이때 팀장은 단번에 회사의 중장기 목표와 팀의 중장기 목표의 관계를 이해하지만, 팀원은 회사와 상위조직의 중장기 목표와 팀의 목표가 어떻게 전략적으로 연계되는지 잘 모를 수도 있습니다.

그런 경우 팀장은 워크숍을 통해 회사의 비전과 중장기 목표가 팀의 그것과 어떻게 연계되는지를 인과적으로 설명하고, 앞으로 팀에서 각자 어떤 역할을 맡고 어떤 책임을 져야 하는지를 구체화해야 합니다. 팀의 비전을 설정하려면, 먼저 회사나 상위조직의 비전을 달성하기 위해 팀에서 달성해야 할 선행목표를 대략적으로 규정해야 합니다. 그리고 객관적인 자료를 바탕으로 현재 상태가 어떤지 세분화된 항목으로 분석한 다음, '현재 수준As is'과 비교해 변화가 예상되는 팀의 미래 모습을 '기대 모습To be'으로 구체화하면 됩니다. 이때 팀원들끼리 토론하는 것보다는 팀장이 코디네이터coordinator가 되어 주도적으로 워크숍을 진행하는 것이 매우 중요합니다.

개인의 비전

팀의 중장기 목표가 정해지면 각자 역할과 책임에 따라 개인의 비전을 정합니다. 팀원들은 서로 직위가 다르고, 능력과 역량에 따라 같은 직위여도 역할과 책임이 다를 수 있습니다. 팀장은 전체를 조망하여 팀의 목표를 세부적으로 나누고, 각각의 목표별로 달성 가능한 역량을 가진 팀원들에게 역할과 책임을 부여합니다. 팀원은 부여받은 역할과 책임을 달성하기 위해 일정 기간 내에 팀에 어떻게 기여할 것인지를 스스로 고민합니다.

이때 팀장은 팀원 개인의 목표와 조직의 목표를 이어주는 연결고리가 되어야 합니다. 팀원 모두가 비전 달성에 참여하여 기여할 수 있도록 해야 합니다. 목표 달성에 관해 팀원 모두가 한 사람도 빠짐없이 중요한 역할을 하고 있음을 깨달을 때 팀원들은 원하는 목표를 이루려는 열망을 더욱 뜨겁게 불태웁니다. 그런 팀은 하나로 똘똘 뭉쳐 서로를 돕고 어려움도 쉽게 극복합니다.

팀원들이 오너십을 갖고
일할 수 있는 방법

팀장이 되었다는 것은 그동안의 노력과 성과, 그리고 앞으로 더 큰 역할을 해내리라는 기대감을 동료들과 조직으로부터 인정받았다는 징표입니다.

팀장에게 예민한 현장 감각은 필수입니다. 현장에서 팀원들의 표정만 보고도 어떤 문제가 있는지를 알 정도로, 소리만 듣고도 기계의 사소한 결함까지 파악할 정도로 예민한 감각과 고도의 집중력이 필요합니다.

실제로 한 제조업체 리더는 현장 감각을 잃지 않기 위해 가까운 길을 놔두고 일부러 공장으로 멀리 둘러서 다

닌다고 합니다. 그만큼 현장 감각이 중요하다는 이야기입니다. 그래서 차세대 CEO들이 경영 수업을 받는 풍경도 달라지고 있습니다. 예전에는 주로 경영 전략이나 신사업분야에 대해 수업을 받았으나 최근에는 생산, 마케팅, 영업 등 현장에서 밑바닥부터 훈련하는 경우가 많아졌습니다. 전쟁으로 치면 최전선에 배치되는 것과 같습니다. 현장에서 팀원들과 함께 업무를 실행해 봐야 기업이 처한 실제 상황을 피부로 느낄 수 있고, 훗날 더 현실성 있는 전략을 수립할 수 있다는 이유에서입니다.

과거의 경험과 지식으로 무장한 자만심을 깨뜨리기 위해서는 현장의 중요성을 강조할 수밖에 없습니다. 어떤 업종이든 객관적이고 사실적인 정보를 토대로 현장을 제대로 파악해야 성과가 창출됩니다. 단순히 현장이라는 공간에 그냥 가 있으라는 것이 아니라, 업무에 직접 참여하고 실행해 봐야 합니다. 여러분의 고객이 누구인지, 현장에서 어떤 일이 벌어지는지, 예상되는 리스크 요인은 없는지 등을 파악하지 못하면 목표도 전략도 세울 수 없습니다. 따라서 팀장이라면 현장에 대한 이해도를 높여 근본적인 문제점을 찾고, 그것을 팀 성과목표의 성과창출 전략과 실행 방법에 잘 반영시켜야 합니다.

팀원의 정보가 조직을 살린다

팀장은 팀원과 차별화된 본연의 실무 역할 외에도 리더십을 발휘해 팀을 매니지먼트해야 합니다. 그러다 보면 아무래도 팀장은 물리적으로 현장에서 보내는 시간이 줄어들 수밖에 없습니다. 현장과 점점 멀어져 고객의 소리를 직접적으로 들을 수 없다면, 팀원들이 전해주는 생생한 정보로 성과를 창출하기 위한 전략을 수립해야 합니다. 팀에서 현장 정보가 가장 많은 사람은 바로 팀원이기 때문입니다.

팀장이 잊지 말아야 할 점은 '팀장의 현장은 팀원'이라는 사실입니다. 성과가 창출되는 곳이 현장이고, 팀원은 팀장의 역할을 권한위임 받아 실행하고 있으므로, 팀원이 곧 팀장의 성과가 창출되는 현장이라는 의미입니다. 팀원들을 시장의 고객으로 대하고 팀에 시장 메커니즘을 도입해 공정하고 합리적인 거래관계를 통해 서로를 존중하는 것, 이것이 팀장의 또 다른 역할입니다.

팀의 성과를 좌우하는 핵심이 팀장에게만 있는 것도 아니고, 외부 전문가에게 있는 것은 더더욱 아닙니다. 과거의 경험이나 지식에 있는 것도 아닙니다. 답은 '팀이 원하는 결과물의 현장'과 '고객'에게 있습니다. 팀의 과거 성과와 관련해 드러난 현상으로 가설을 세우거나 문제점을 유추해 보는 것은 팀장이 뛰어날 수 있습니다. 하지만 이를 뒷받침해 줄 근거 자료는 팀원에게 있습니다. 답을 찾을 수 있는 현장을 가장 잘 아는 사람이 팀원이라는 뜻입니다.

성과에 대한 답에는 몇 가지 규칙이 있습니다. 그중 대표적인 것으로는 과거에 있지 않고 '현재'에 있다는 점, 내부 공급자에게 있지 않고 '고객'에게 있다는 점입니다. 문제의 답은 고객과 현장에 있습니다. 고객의 니즈와 원츠를 모르면 해결책을 찾을 수 없습니다. 또한 현장, 현상, 현물을 제대로 파악하지 못하면 문제를 제대로 도출하지 못하고 문제의 원인을 찾아 해결할 수도 없습니다. 문제 해결의 출발점은 고객과 현장, 현상을 분석하는 것입니다. 팀원 중심으로 일하는 팀을 만들려면 어떻게 해야 할까요?

현장 중심의 의사결정 환경을 만든다

정보는 팀장 중심이 아닌 팀원과 현장 중심이어야 합니다. 팀장 본인이 듣고 싶은 정보만 골라서 보거나 듣지 말라는 의미입니다. 정보 왜곡을 피하기 위해서입니다. 왜곡된 정보는 현실과 다르게 현장이 잘 굴러가고 있는 것처럼 보이게 합니다. 현장의 정보를 어떻게든 잘 전달하려고 애쓰는 팀원과 "내 경력이 몇 년인데 척하면 척이지"하는 안일한 팀장 사이는, 팀장이 노력하지 않는 한 결코 좁혀지지 않습니다.

팀장이 자신에게 유리한 정보만 골라 듣는 분위기가 형성되면 팀원들은 성과를 고민하기보다는 환경을 탓하고 핑곗거리를 찾기 바빠집니다. 팀원들이 현장에서 답을 찾았다 하더라도 팀장이 이를 받아들이지 않고 실행으로 이어지지 않으면 그 답은 아무런 의미가 없습니다. 팀원들이 일에 대한 오너십을 갖고 일할 수 있도록 현장 중심의 의사결정 환경을 만들어주는 것, 그것이 팀장 역할의 핵심입니다.

현장에서 이익과 성과를 고민하게 한다

팀장은 결과 수치를 따지며 명령이나 내리는 사람이 아닙니다. 팀의 존재 목적을 바탕으로 가치를 만들어내며, 팀의 비전과 목표를 성과로 창출해 내게끔 팀원들의 역할과 책임을 연계시키는 사람입니다. 팀에서 진행하는 업무 활동의 초점이 무엇인지를 팀원들에게 지속적으로 공유하는 것만으로도 팀 전체의 업무 방향을 한곳으로 일치시킬 수 있습니다.

이때 팀원들이 현장의 문제점만 찾는 것은 평범하게 일하는 수준입니다. 제대로 일하는 팀원들은 현장에서 이익과 성과를 함께 고민합니다. 이익을 생각하고, 원가를 혁신하고, 가치를 창출하려는 팀원들과 함께 일해야 팀의 성과를 담보할 수 있습니다. 이를 위해 팀장은 불필요한 정보 수집에 너무 많은 시간을 투여하지 않도록 팀원들에게 현황을 파악하는 방법을 알려주고 훈련시켜야 합니다. 현황 파악의 핵심은 일을 하는 목적과 현재 상태입니다. 이를 바탕으로 목표에 대한 초기 가설을 설정하게 하고, 그 가설을 검증할 만한 증거들을 전략적으로 탐색하도록 코칭합니다.

팀원들의 욕구를 경청한다

팀장의 역할 중 가장 본질적인 것은 무엇일까요? 팀원들의 욕구를 충족시켜 주는 일터를 만드는 것입니다. 일에 대한 보상이 분명히 있고, 일 속에서 의미를 찾을 수 있는 곳이 되도록 팀을 만들어나가야 한다는 의미입니다. 시대적 상황에 따라 팀원들의 욕구 역시 달라질 수 있습니다. 요즘 팀원들은 단순히 의식주 해결만으로 만족하지 않습니다. 존중받고 싶어 하고, 가치를 창출하고 싶어 하는 욕구가 강합니다. 앞으로도 구성원들의 욕구는 계속 바뀔 것입니다. 게다가 기업의 발전 단계에 따라 조직이 팀장에게 요구하는 역할도 달라질 것입니다.

그런데 이처럼 다양한 팀원들의 욕구를 듣기만 하고 조금도 해결하지 못한다면 욕구가 불만이 되어 쌓일 게 뻔합니다. 그래서 팀장에게는 적절한 욕구를 수용하는 판단력이 필요합니다. 팀원들의 욕구와 조직의 요구에 대해 팀장이 나름대로 우선순위를 정해 충족시킬 방법을 찾아야 합니다. 기간별, 프로젝트별, 과제별로 목표를 부여하고 전략과 실행을 위임할 때마다 팀원들의 애로사항이 무엇인지 경청해야 합니다. 팀원들은 전략을 실행하고 실행 계획을 일정대로 추진하려고 할 때 분명히 지원을 요청할 것이고, 팀장과 협업해야 할 업무가 있을 것입니다. 그것이 무엇인지 자주 묻고 귀 기울여 들어주는 것이 중요합니다.

단순히 '무엇을 언제까지 하라'고 지시만 해서는 안 됩니다. 이번 달 목표가 '전월 대비 10% 향상'이라면, 그 목표가 도출된 배경과 이유를 충분히 설명해 납득시키는 것이 중요합니다. 팀장은 팀원이 성과창출 전략과 실행 계획을 주체적으로 고민하게 하고, 팀원의 관점에서 팀장이 무엇을 성과코칭해 주길 바라는지, 전략을 실행할 때 무엇을 도와주길 바라는지를 경청해야 합니다. 욕구를 경청하는 것은 팀원들로 하여금 일에 대한 오너십과 사명감을 갖게 하는 지름길입니다. 이것이야말로 팀원을 인정하고 존중하는 가장 핵심적인 제스처일 것입니다.

아무리 제 역할을 다했다 해도
결과가 없으면 책임지지 못하는 것입니다.
팀장은 팀을 운영할 때 팀이 합의한 방향과 목표대로
팀을 끌고 갈 의무가 있습니다.
이에 대한 철저한 인식과 실천의지가 책임입니다.

성과가 저조할 때
그에 대한 책임을 남에게 떠넘기거나
방어적인 태도로 무마해서는 안 됩니다.

Responsibility

책임을 진다는 것의 의미

2

팀장은 무엇을 책임지는가?

"모든 책임을 지고
이 자리에서 물러나겠습니다"

"모든 책임을 지고 이 자리에서 물러나겠습니다." 이런 말을 하는 기업인이나 정치인을 뉴스에서 한 번쯤 보았을 것입니다. 그래서 그런지 책임이라고 하면 잘못에 대한 대가 혹은 쉬쉬하며 사태를 무마하려는 처세로 생각하는 사람들이 많습니다.

그렇다면 과연 '책임을 진다'는 건 무슨 뜻일까요? 일이 잘못되었을 때 자신이 모든 것을 떠안겠다는 뜻일까요? 만약 그렇다면 뉴스에 나와 고개 숙이는 사람들처럼 그냥 그 자리에서 물러나는 게 책임을 지는 태도일까요? 그렇지 않습니다. '책임'을 사전에서 찾아보면 한자로는 '責任', 영어로는 'responsibility'입니다. 한자의 뜻을 풀어보면 '임무 수행을 통해 빚을 갚는 것'입니다. 영어로는 '응답'이라는 뜻의 'response'와 '능력'이라는 뜻의 'ability'가 합쳐진 단어인데, 굳이 해석하자면 '응답하는 능력'입니다. 이처럼 한자와 영어의 뜻을 살펴보면 책임은 '일을 해서 창출해야 할 성과'라는 의미와 '부여받은 역할을 제대로 수행했는지 보여주는 결과물'이라고 정의할 수 있습니다.

아무리 제 역할을 다했다 해도 결과로 나타나는 것이 없으면 책임지지 못하는 것입니다. 팀장은 팀을 운영할 때 팀이 합의한 방향과 목표대로 팀을 끌고 갈 의무가 있습니다. 이에 대한 철저한 인식과 실천의지가 책임입니다. 성과가 저조할 때 그에 대한 책임을 남에게 떠넘기거나 방어적인 태도로 무마해서는 안 됩니다. 팀이 목표를 성과로 창출해 낼 수 있도록 기간별 과정성과를 면밀하게 분석하고 평가하여 개선과제와 만회대책을 도출하며 팀을 이끌어가야 합니다.

팀장의 4가지 책임

자신이 책임져야 할 것이 무엇인지도 모르면서 무조건 책임지겠다고 선언하는 것은 어불성설입니다. 막연한 선언보다는 책임을 지기 위한 행동이 중요합니다. 이를 위해서는 먼저 책임져야 할 것이 무엇인지 구체적으로 알아야 합니다. 그래야 그에 맞는 행동을 할 수 있습니다. 팀장의 책임은 크게 네 가지로 나뉩니다.

관리책임

관리책임은 팀장이 직접 실행 행위에 참여하지는 않지만, 팀원의 역량에 맞는 역할과 책임의 기준인 목표를 부여하고 실행 권한을 위임하며 관리하는 책임의 종류입니다. 그리고 이는 팀원이 성과를 제대로 창출할 수 있도록 역할을 위임하는 임파워먼트 empowerment 와 책임을 위임하는 영역인 델리게이션 delegation 으로 다시 구분됩니다. 관리책임의 핵심은 능력에 따른 역할위임, 전략코칭과 역량에 따른 책임위임, 실행 모니터링, 성과평가와 피드백입니다.

결과책임

결과책임이란 팀장이 성과가 창출되는 과정에 개입했는가 안 했는가에 상관없이 일의 결과에 대해 책임지는 것을 말합니다. 결과책임은 대개 '상징적 책임'의 성격이 강합니다. 팀원들의 업무 행위에 대해 리더로서 지는 '도의적인 책임'입니다. 결과책임은 관리책임에 비해 팀원들의 업무 프로세스나 실제 업무 진행에 개입하는 수준이 비교적 낮을 때 지는 책임입니다.

실행책임

정해진 기간 내에 기준대로 실행했는가를 판단하는 것이 실행책임입니다. 실행책임을 지기 위해서는 지시받은 일을 추진하기 위한 업무 수행 능력이 필요합니다. 성과에 대한 별도의 책임은 없으며 실행 자체에 대해 책임을 지는 것이 실행책임입니다. 쉽게 말해 '시키는 대로 일했느냐'를 따져 묻는 겁니다.

성과책임

팀장이 주체가 되어 목표를 설정하고 실행하며 그 성

과에 대해 책임을 지는 것을 성과책임이라고 합니다. 네 가지로 분류한 책임 중에서 가장 자기완결적이고 주체적인 성격이 강합니다. 성과책임의 핵심은 '필요한 능력을 보유했는가'와 '자기주도적으로 역량을 발휘했는가'에 있습니다.

일이 끝났을 때의
최종 상태를 먼저 그려라

여러분은 어떤 사람에게 일을 맡기나요? 누군가에게 일을 맡긴다는 것은 그만큼 그 사람을 깊이 신뢰한다는 뜻입니다. 그리고 신뢰받는 사람들에게는 공통점이 있습니다. 자신이 책임지고 완성해야 할 결과물이 무엇인지를 정확히 알고, 그 일을 제대로 해내어 성과를 창출해 낼 수 있는 인과적인 전략과 실행 로드맵을 파악하고 있다는 것입니다. 즉, 상위리더가 일을 맡기는 사람들은 자신이 수행하려는 일의 성과목표와 인과적인 전략을 분명히 가지고 있습니다.

지시만 하지 않고 미리 결과물에 공감하기

팀장이 일방적으로 따르라고 명령하는 지시사항은 목표가 아닙니다. 목표란 '일을 통해 책임져야 할 목적결과물'로써, 그 일을 통해 얻고자 하는 결과물이 무엇인지에 대해 팀장과 팀원이 공감할 수 있어야 합니다.

결과물에 대해 공감하면 팀원이 주체적으로 성과창출 방법을 판단하고 도출해 낼 수 있습니다. 그러기에 팀장은 팀원에게 그 일을 통해 얻게 되는 가치, 그 일이 팀에 기여하는 바를 질문하고 스스로 생각할 기회를 줘야 합니다. 그러면 팀원은 내적 동기를 갖고 주도적으로 일할 수 있습니다.

업무 수행을 통해 기대하는 결과물에 대한 전체적인 그림을 고민하고 의견을 나누다 보면, 본격적으로 일을 시작하기까지 시간이 좀 더 걸릴 수 있습니다. 하지만 잘못된 방향으로 일을 추진했다가 처음으로 되돌아오는 최악의 상황은 확실히 피할 수 있습니다. 어떤 경우 한 달 혹은 1년씩 쓸데없는 일에 시간과 자원을 낭비하기도 합니다. 그런 참사를 막고 목표와 성과에 집중하려면 큰 그림에 대한 이해와 공유가 필수입니다.

그래서 어떤 기업에서는 리더가 중요하게 생각하는 구성원의 역할과 책임, 구성원 스스로가 중요하다고 여기는 역할과 책임을 각각 작성해 이를 서로 비교하고 조율하는 면담 과정을 거칩니다. 서로 같은 답을 하는 경우는 거의 없습니다. 이 때문에 서로의 역할과 책임에 대해 구체적으로 따져보고, 그것을 바탕으로 일의 목표를 결정하고 공감하는 것이 무엇보다 중요합니다.

팀 성과목표 설정에 실패하는 이유

이렇듯 성과목표 설정이 중요함에도 여전히 많은 팀장들이 어려움을 겪고 자주 실패합니다. 왜 그럴까요? 지금껏 성과목표 설정에 실패했던 여러 원인 중에는 '프로세스'와 '기준 적합성' 문제 때문인 경우가 많았습니다. 이와 관련해 기존의 관행에 어떤 문제가 있었을까요? 그리고 어떻게 개선해야 제대로 성과목표를 설정할 수 있을까요?

일방적 지시나 개인 목표의 총합이 아니다

팀장이 일방적으로 지시하거나 반대로 팀장의 개입 없이 팀원들의 개별적인 목표만 합쳐놓고 그것을 팀의 성과목표로 설정하면 안 됩니다. 이 경우는 성과목표 설정 '프로세스'가 잘못된 것입니다.

팀장은 전체 성과목표 설정 프로세스의 오너 역할을 해야 합니다. 일단 초안을 만들기 전에 회사와 상위조직 차원에서 팀에 부여한 성과목표를 성과로 창출하기 위해 팀이 중요하게 수행해야 할 과제와 세부목표가 무엇인지를 전체적으로 가늠해 봐야 합니다. 그것을 바탕으로 초안을 만들고, 초안이 어느 정도 정리되면 팀원들에게 공유해 역할과 책임을 어떻게 나눌 것인지, 일의 결과물은 구체적으로 어떤 모습일지에 대해 협의해야 합니다.

실행자가 아닌 수요자 입장에서 설정한다

수치화된 목표라고 해서 무조건 제대로 된 목표인 것은 아닙니다. 대다수의 목표가 '하고자 하는 행위', '해야 할 일', '과제', '지향점', '일정준수' 등으로 표현됩니다.

그런데 과연 이게 제대로 된 목표일까요? 아닙니다. 제대로 된 성과목표를 설정하려면 일의 목적이 무엇인지 인식하고, 일이 끝났을 때의 최종 상태end state를 먼저 그려봐야 합니다. 일의 목적과 최종 상태를 명확히 그리고 합의해야만 팀원들도 책임감을 갖고 일할 수 있습니다. 이 때문에 목표는 마치 눈으로 보는 것처럼 시각적visible이고 객관적objective인 상태로 표현되어야 합니다. 이는 일정 기간 동안에 일을 통해서 수요자가 원하는 결과물을 만들어냈을 때의 모습입니다. 목표를 '미래에 대한 생생한 기억'이라고 부르는 이유입니다.

그런데 여기서 중요한 것은 목표가 실행자의 영역이 아니라 수요자의 영역이라는 사실입니다. 과제나 해야 할 일은 실행자의 영역이지 수요자가 고민할 부분이 아닙니다. 하지만 목표만큼은 결과물이 완성되었을 때 그에 대한 가치 판단을 하는 사람, 즉 상위리더인 수요자에 맞춰져야 합니다. 그래서 실행자는 일을 시작하기 전에 자신이 생각하는 목표를 설정해서 수요자에게 반드시 확인받아야 합니다.

팀원들을 주체적이고 자율적으로 일하게 하는 법

수많은 기업과 조직들이 일하는 문화를 바꾸자며 고군분투하지만, 사실상 실제적인 변화는 거의 없습니다. 변화를 가로막는 가장 큰 장애 요인이 무엇일까요? 대표적인 세 가지가 위임전결 제도, 품의결재 제도, 업무회의 시스템입니다. 조직이 아무리 크고 복잡해도 조직을 움직이는 최소 단위는 팀입니다. 그래서 큰 조직이든 작은 조직이든 팀을 중심으로 모든 일이 시작되고 끝납니다.

기존에는 주로 팀원이 실무를 진행하고 팀장이나 본부장, 임원은 관리, 감독, 의사결정하는 역할을 해왔습니다. 그런데 상위조직의 지시와 결정을 그대로 받아서 수행하는 데 길들여지다 보니 구성원들은 지시를 받는 데만 익숙해졌습니다. 일을 시키는 사람도, 받아들이는 사람도 지시를 너무나 당연하게 여기는 것입니다. 그러다 보면 팀장은 아주 사소한 일 하나까지도 지시하게 되고, 팀원들은 스스로 방법을 고민하거나 자율적으로 실행하기보다는 지시가 떨어질 때만 움직입니다. 모든 것을 관리하고 감독하려는 팀장도 문제지만, 매사에 수동적인 태도로 일관하는 팀원들은 미래가 점점 어두워지니 문제가 더 큽니다. 팀장과 팀원 모두 적극적으로 변화를 받아들여야 하는 요즘 같은 시대에 과거의 방식을 계속 고수하는 조직에는 미래가 없습니다.

목표는 팀원들에게 주체성과 자율성을 심어주기 위한 최소한의 조건입니다. 그래서 목표를 '리더의 대리인'이라고 말합니다. 목표는 팀장이나 일을 지시한 사람을 대신하는 기준인 셈이지요. 목표가 명확한 경우 팀원은 어떻게든 현상을 분석하고 자료를 수집하고 전략을 고민합니다. 또한 누가 시키지 않아도 스스로 일을 찾아서 합니다. 목표라는 또렷한 '기준'이 있기 때문에 무엇이든 자율적으로 수행하게 되는 것입니다. 오늘 무슨 일을 해야 할지, 어떻게 실행해야 할지, 작은 일 하나까지도 팀장의 도움이 필요하다면 그 팀원에게는 일의 목표가 없는 것입니다. 열심히 일해도 목표가 불분명하다면 진정한 책임감을 느끼기 어렵습니다. 행위에만 몰입해 정작 자신이 책임져야 할 결과물이 무엇인지를 모르기 때문입니다.

사실 모든 일이 그렇습니다. 책임져야 할 결과물의 기준이 구체적이면 책임지기 위한 행동도 분명해집니다. 팀원들이 책임감 있게 일하기를 바란다면 그만큼 명확하고 구체적인 목표를 부여하고 그 목표에 공감하게 해야 합니다. 그리고 목표에 대한 구체적인 실행 방법, 실행 행위에 대한 자율권을 위임해야 합니다. 책임감을 가지게 하는 핵심이 바로 권한위임이기 때문입니다.

정체성 공유와 기간별 목표 설정

업무를 성공적으로 수행하여 성과를 창출해 내기 위해서는 팀원 각자가 역할과 책임을 정확하게 인식하고, 필요한 능력과 역량을 갖춰야 합니다. 거기에 중요한 것이 하나 더 있습니다. 바로 '정체성 공유shared identity'입니다. 팀의 정체성은 팀원들이 어떻게 행동하고 상호작용하며 이상적인 미래를 성과로 창출해 내야 하는지를 보여주는 일종의 신념체계로, 팀 목표를 성과로 창출하기 위한 전략실행 과정에서 팀원들의 동기부여에 기본 토대가 됩니다.

팀의 비전과 가치를 잘 알고 이해하는 팀원은 자신의 역할과 책임을 중요하게 여기고 맡은 임무를 책임감 있게 수행합니다. 따라서 팀장은 자신이 책임지고 있는 팀의 장기목표인 비전과 핵심가치를 명확하게 제시하고 그에 따른 연간, 반기, 분기, 월간 등의 기간별 목표를 공유하는 것이 효과적입니다.

그리고 기간별 목표를 설정하고 공유하는 자리는 회의보다 워크숍 형식이 바람직합니다. 회의와 워크숍은 주체가 다르기 때문입니다. 회의에서 팀장이 의사결정자 역할이라면, 워크숍에서는 조력자, 즉 퍼실리테이터 facilitator 역할을 합니다. 회의는 팀의 공식적인 의사결정의 장으로, 팀장은 여러 의견을 듣고 자신의 생각을 더해 의사결정하는 형식으로 진행되는 경우가 많습니다. 반면 워크숍은 서로 질문을 던지고 답하며 토론을 통해 더 나은 해결책을 찾아 의견을 수렴하는 과정이기 때문에 목표 설정 과정에 팀원의 참여도를 높일 수 있고, 동시에 문제가 발생할 수 있는 요인들을 사전에 차단하는 효과가 있습니다.

성과목표 조감도를
어떻게 그릴까?

여러분의 팀은 업무를 통해 어떤 가치를 추구하나요? 일할 때 팀원들과 그것을 공유하나요? 팀이 중시하는 업무 수행의 가치를 명확히 하지 않으면 구성원들 사이에 불필요한 갈등이 생기거나 자원이 낭비되기 쉽습니다. 각자 중시하는 가치가 다르기 때문입니다.

팀이든 개인이든 무엇인가를 판단하거나 실행할 때 일관성을 유지하려면 기준이 있어야 합니다. 업무에 대해서는 '목표'가 기준이 됩니다. 목표는 불필요한 내부 경쟁을 지양하게 해주고, 책임져야 할 결과물의 성과창출 여부를 판단할 수 있는 기준이 됩니다. 목표를 잘 설정하면 사전에 최적의 대안을 마련할 수 있어서 불확실성이 줄어듭니다. 이 때문에 원하는 결과물을 만들고자 한다면 목표 설정에 공을 들여야 합니다.

목표는 일의 목적지를 결정한다

목표란 일을 해서 책임져야 할 결과물, 즉 수요자가 원하는 결과물의 모습을 객관적으로 표현한 상태입니다. 이는 애초에 의도한 목적을 성과로 창출했는지 여부를 판단하는 기준입니다. 이 때문에 과제 수행을 통해 이루고자 하는 결과물의 모습을 '지표'와 '수치', '객관적인 모습을 판단할 수 있는 상태'로 표현해야 합니다. 지표는 그 일을 하는 이유와 목적이고, 수치는 달성 수준을 결정합니다.

대부분의 직장인들이 목표 실징을 늘 하는 단순 업무 중 하나로 여기지만 실제로는 그렇지 않습니다. 일의 목적과 수준을 깊이 고민하고 종합적으로 판단해야 하는,

보기보다 만만치 않은 작업입니다. 잘못된 목표는 전략 실패, 실행 실패로 직결되기 때문에 더더욱 그렇습니다.

팀의 목표는 전사적 전략의 연장선에 있습니다. 또한 팀원 개개인의 목표와도 인과적 관계를 갖습니다. 따라서 회사와 팀원 사이를 잇는 팀장의 목표 설정 역량이 중요할 수밖에 없습니다. 팀원의 목표를 설정할 때 팀장이 우선적으로 고려해야 할 점은 세 가지입니다.

일의 목적과 본질을 지표화하기

무리하게 지표를 정하다 보면 평가하고 관리하기 쉬운 지표 위주로 선택하게 된다는 문제가 발생합니다. 하고자 하는 일의 본질과 목적을 찾는 작업이 초반에는 쉽지 않겠지만, 그 중요성을 간과해서는 안 됩니다. 그렇다면 일의 목적과 본질을 어떻게 찾을 수 있을까요? 우선 원하는 결과물이 무엇인지 생각해 보고, 구체적인 모습과 내용을 대략적으로 기술해 봅니다. 원하는 결과물의 형태가 정해지면 측정 가능한 객관적인 지표로 표현합니다. 이 측정 가능한 객관적인 성과지표를 핵심성과지표, 영어 약자로 KPI(Key Performance Indicator)라고 합니다.

아시다시피 대부분의 조직에서 사용하고 있습니다.

결과물의 달성 수준 정하기

선택된 지표를 어느 수준까지 달성하면 좋을지를 정하는 것이 수치목표입니다. 수치목표를 정할 때는 그 일을 수행할 담당자와 반드시 협의해야 합니다. 목표의 수준은 역량요인과 환경요인에 영향을 받기 때문에, 팀장이 달성할 수 있다고 생각하는 수준이 실무자의 생각과 다를 수 있습니다. 팀장과 팀원이 협의하거나 조율하지 않으면 과도하게 도전적이거나 근시안적인 수치목표를 설정하는 오류를 범하게 됩니다. 목표 달성의 수준을 결정하는 근거는 전략과 그 전략을 실행해 내는 역량에 달려 있습니다. 따라서 팀장은 팀원들의 역량을 제대로 파악해 달성 가능한 수준의 수치목표를 설정해야 합니다.

실행 기간 정하기

팀원 각자가 제 시간에 목표를 온전히 달성할 때 팀의 목표 역시 달성됩니다. 목표 달성 기간을 설정할 때는 팀장의 의견이 중요합니다. 팀장은 팀의 성과목표를 성과로 창출해 내기 위해 팀원 각자가 언제까지 목표를 성과로 창출해 내야 하는지를 종합적으로 판단한 후, 시간적 캐스케이딩을 통해 팀원 각자의 목표 실행 기간을 정해야 합니다.

성과목표 조감도 그리는 법

레몬 사진을 보면 즉각적으로 향과 맛이 연상되면서 입안에 침이 고입니다. 실제로 먹어보지 않아도 상상만으로 뇌가 인체 감각기관에 지시를 내려 생기는 자연스러운 현상입니다. 현실과 상상을 잘 구별하지 못하는 뇌의 허점 때문이라고도 하는데, 운동선수들은 오히려 이러한 뇌의 허점을 활용해 이미지 트레이닝을 합니다.

이미지 트레이닝은 자신이 원하는 이미지를 상상해 보고 머릿속에서 시연해 보는 훈련법입니다. 가끔 운동 경기를 보면 시합하기 전에 눈을 감은 채 손을 젓거나 알 수 없는 몸짓을 하는 선수들이 있는데, 그게 바로 이미지 트레이닝입니다. 단순히 생각만 하는 훈련이 무슨 도움이 될까 싶겠지만, 뇌파는 실제로 경기를 하는 것과 거의 비슷하게 나타납니다. 실제 경기와 유사한 패턴의 뇌파가 근육에 전달되기 때문에 이미지 트레이닝만으로도 근육이 갖고 있는 동작에 대한 기억을 생생하게 되살릴 수 있습니다.

이미지 트레이닝의 적용 범위는 제한이 없습니다. 문제의 상황을 상상으로 만들어 경험해 보면 됩니다. 일을 실행하기 전에 업무가 완성되었을 때의 모습을 머릿속에 그려보는 것입니다. 그러한 상상이 목표를 설정하고 실행하고 성과를 창출하는 데 큰 도움을 줍니다. 이를 '성과목표 조감도'라고 합니다.

성과목표 조감도는 기대하는 결과물의 구체적인 모습으로, 일을 하기 전에 수요자가 기대하는 결과물, 원하는 상태를 세세하게 묘사한 것입니다. 완성된 결과물의 모습을 상상하면 두뇌는 감각기관에 지시를 내리고 몰입도 역시 크게 높아집니다. 앞에서 목표는 '일의 목적지'라고 했습니다. 목적지까지 가는 길은 다양합니다. 조감도를 그려보면 안전하지만 멀리 돌아가야 하는 길, 위험이 따르지만 빨리 갈 수 있는 길, 리스크가 있지만 헤쳐 나갈 수 있는 길, 자신의 힘으로는 도저히 뚫고 나갈 수 없는 길 등 수많은 길이 보입니다. 이때 시간과 자원의 투입을 최소화할 수 있는 최적의 길을 선택하도록 도와주는 것이 바로 성과목표 조감도입니다. 그렇다면 성과목표 조감도를 어떻게 그릴까요?

목표를 세부구성요소별로 구체화한다

성과목표 조감도에서 '세부구성요소'란 일이 완료되었을 때 반드시 포함되어야 할 세부목표를 의미합니다. 마치 건물의 조감도나 제품의 조감도처럼 결과물의 모습이 구체화된 세부목표들의 나열입니다. 예를 들어 매출액의 경우 고객별, 제품별, 지역별, 계절별로 세부내역을 나눠볼 수 있습니다.

성과목표 조감도는 기대모습 to be image 이기 때문에 현상 as is 에 대한 분석이 선행되지 않으면 구체화할 수 없습니다. 조감도를 작성하다 보면 팀원 중 누가 자신의 현상을 제대로 분석하고 현장을 잘 파악하는지 구별할 수 있습니다. 목표를 조감도로 그리는 것은 전략 수립의 전제조건입니다. 따라서 목표 조감도를 구체적으로 그릴수록 실천 가능성이 높은 좋은 전략이 나옵니다.

세부구성목표별 적정 수준을 설정한다

목표를 설정한 후 수치목표를 설정한 프로세스와 동일하게 세부구성목표 역시 어느 수준까지 달성하면 좋을지 적정 수준을 정합니다. 각각의 세부구성목표가 제대로 달성될 때 최종 목표가 달성될 수 있습니다. 세부구성목표는 팀원들의 역할과 역량에 따라 배분합니다.

고정변수목표와 변동변수목표로 분류한다

성과목표 조감도를 작성하는 궁극적인 이유가 바로 이것입니다. 전략을 수립하려면 목표에 대한 분석이 뒷받침되어야 합니다. 분류된 세부구성목표 중에서 지금까지의 경험과 매뉴얼 등 통상적인 노력으로 달성할 수 있는 세부목표를 '고정변수목표'라고 합니다. 이와 달리 통상적인 노력으로 달성하기 어려워서 방법도 바꿔야 하고 투입할 자원과 역량도 달라질 것으로 예상되는 목표를 '변동변수목표'로 분류합니다. 고정변수목표와 변동변수목표를 분류하는 이유는 역량과 한정된 자원 투입의 우선순위를 결정하기 위해서입니다.

성과창출의 핵심은 '수요자가 원하는 결과물의 구체화'입니다. 무슨 일이든 일을 시작하기 전에 항상 수요자가 원하는 결과물이 구체적으로 어떤 상태여야 하는지, 그 세부구성요소와 세부목표를 명확하게 결정하는 팀 문화를 팀장인 여러분이 구축해 나가야 합니다. 성과목표 조감도를 구체적으로 작성하지 못하면 객관적인 사실로 표현되어야 할 성과창출 전략과 실행 방법 역시 제대로 수립할 수 없습니다. 여러분의 과거 경험이나 지식보다는 성과목표 조감도에 집중해야 성과를 창출할 가능성이 높아집니다.

왜 우리 팀에만
일 못하는 팀원이 많을까?

'믿고 맡겼는데 결과가 형편없잖아.' '내가 하는 말을 도대체 왜 이해를 못하지?' '왜 말귀를 못 알아듣고 엉뚱하게 일을 처리하지?' 이런 푸념이 목구멍까지 차오른 적 있나요? 제대로 성과를 내고 싶어도 팀원들의 역량이 낮아 힘들다는 팀장들이 있습니다. 일을 믿고 맡길 사람이 없으니 목표 달성은 물론이고 일상적인 업무 처리도 제대로 안 된다는 게 그들의 주장입니다. 여러분의 팀은 어떻습니까? 만약 여러분도 그렇게 생각한다면 짚고 넘어가야 할 것이 하나 있습니다.

왜 우리 팀에만 일 못하는 팀원들이 유독 많을까요? 그저 우연일까요? 그렇진 않을 것입니다. 다른 팀의 팀원들도, 우리 팀의 팀원들도 모두 같은 영입 절차를 밟고 입사했습니다. 다들 기본 조건 이상의 스펙을 갖췄을 것입니다. 그런데 유난히 여러분 팀의 팀원들만 역량이 점점 떨어지고 있다면 그것은 그들을 이끄는 팀장 때문일 수 있습니다.

팀원들의 역량을 탓하는 팀장들 대부분은 '내가 아니라 너에게 문제가 있다'는 식으로 생각합니다. 대화를 할 때도 주어가 '나'인 경우는 없고, '너는 어떻고, 쟤는 어떻고' 하면서 2인칭, 3인칭으로만 이야기합니다. 그들의 사고 속에서 팀장 자신은 항상 피해자입니다. '변해야 할 것은 내가 아니라 너'라는 생각을 전제로 하고 있기 때문입니다.

조직에서 인정받는 팀장은 팀원을 탓하지 않습니다. 그들은 구성원들에게 부정적 갈등이 아니라 긍정적 갈등으로 접근합니다. 팀장 자신의 노력에 따라 팀원이 더 성장할 수 있다는 사실을 알기 때문입니다. 그래서 일이 잘되었을 때는 자신의 공을 드러내지 않고 구성원들이

'스스로 해냈다'고 생각하게 만듭니다. 그러면 팀원들은 보람과 긍지를 느끼며 더 많이 성장하려는 의욕을 가집니다.

조직에서 최상의 조건을 갖춰놓고 팀장 역할을 시작하는 사람은 없습니다. 그저 남의 떡이 더 커 보이는 것처럼 다른 팀이 더 편하고 좋아 보일 뿐입니다. 여러분도 시작은 다른 팀장들과 같았습니다.

똑같은 씨앗을 받았는데
어떤 팀장은 싹도 못 틔우고 썩게 만드는 반면
어떤 팀장은 잘 키워낼 뿐 아니라 열매까지 수확합니다.
우리 팀원들은 지금 어떻습니까?
이제야 싹을 틔웠습니까?
아니면 벌써 열매까지 맺고 있습니까?

경험과 일을 통해 팀원을 육성한다

실무자로 일할 때는 자신에게 부여된 역할과 책임만

실행하면 됩니다. 그러나 팀장에게는 관리자라는 미명하에 그 이상의 역할과 책임이 요구됩니다. 팀을 이끌어 갈 목표를 정하고 운영하고 관리하며 팀원들이 더 높은 수준의 역량을 발휘할 수 있도록 성장시키는 것입니다. 팀원의 성장은 팀장의 책임입니다. 그래서 팀원에게 잘해주지 말고 '잘되게 해주라'고 말하는 것입니다.

팀원을 육성하는 것은 팀장이 그들을 위해 일방적으로 희생하는 것이 아닙니다. 오히려 팀장의 성공 가능성을 높이는 효과적인 방법입니다. 팀장의 성공은 그 자신의 역량과 노력으로 결정되기보다는 함께 일하는 팀원들의 역량과 노력에 영향을 받는 경우가 더 많기 때문입니다. 조직 내에 교육을 주관하는 전담부서가 있기도 하지만, 팀원들의 업무 스킬이나 역량을 향상시키는 데 가장 중요한 역할을 하는 주체는 팀장입니다.

특히 역량을 제대로 발휘하지 못하거나 혹은 반대로 뛰어난 팀원들에 대해 팀장이 별 관심을 두지 않는 경우가 많은데, 이들에게도 경험과 일을 통해 성장할 수 있는 기회를 끊임없이 제공해야 합니다. 그렇다면 앞에서 말한 두 가지 경우, 즉 역량을 잘 발휘하지 못하는 팀원과 그 반대인 하이퍼포머 팀원을 각각 어떻게 육성시켜야 할까요?

역량을 발휘하지 못하는 팀원

업무에서 적절한 역량을 발휘하지 못해 성과창출이 미흡한 팀원들은 어떻게 해야 할까요? 중요한 업무에서 소외시키거나 팀에서 퇴출하는 것만이 최선일까요? 앞에서 여러 번 강조했듯이 우리가 직장에서 일을 하는 이유는 조직이 원하는 결과물인 성과를 창출해 내기 위해서입니다. 정해진 역할과 책임을 제대로 수행하지 못한다면 이를 개선하기 위한 기회를 먼저 제공해 줘야 하고, 이때 팀장의 관리와 성과코칭이 절대적으로 필요합니다.

사람은 다양한 재능을 가지고 있기 때문에 특정한 일에 사용하는 재능은 그 사람이 가진 여러 재능 중 일부에 불과합니다. 하나의 재능만으로 그 사람 전체를 판단하는 것은 위험한 일입니다. 예를 들어 고객과 만나는 일이 서툴고 통화도 어려워하는 사람이 문서작업은 기가 막히게 잘해내는 경우가 있습니다. 반대로 일은 잘하는데 동료들과의 관계에서 트러블이 끊이지 않는 경우도 있습니다.

주어진 일을 제대로 못한다고 해서 그 사람의 전부를 부정해서는 안 됩니다. 그보다는 가능성이 있을지도 모르는 다른 부분을 찾아내어 팀원이 재능을 발휘할 수 있도록 해야 합니다. 단점보다 장점을 보고, 강점을 키워나가도록 해야 한다는 말과 일맥상통합니다. 어떻게든 강점을 살려서 이끌어가야 합니다. 누구에게나 장단점은 있습니다. 이를 각자의 능력과 역량에 맞게, 업무의 역할과 책임을 잘 배분하는 것이 책임감 있는 팀장입니다.

탁월한 성과를 창출하는 하이퍼포머

한편 하이퍼포머 팀원들은 팀장의 든든한 조력자입니다. 가르치지 않아도 스스로 고민하고 학습하며 성과를 창출해 내는 경우가 많아서, 잘난 자식을 둔 것마냥 보기만 해도 흐뭇합니다. 팀장도 사람이니 호불호의 감정을 갖는 것은 어쩔 수 없지만, 그 감정을 통제하지 못하고 드러내는 것은 바람직하지 않습니다. 그 팀원에게도, 팀워크에도 득 될 것이 하나도 없습니다.

예를 들어 마음에 드는 팀원과 계속 같이 일하고 싶어 하는 팀장이 있습니다. 어느 부서로 이동하든 데리고 다니면서 일을 맡기려고 합니다. 일 잘하는 팀원을 옆에 두면 본인은 편하게 일할 수 있기 때문입니다. 주위 사람들도 그런 심산을 다 압니다. 하지만 일 잘하는 팀원 입장에서는 정말 난감한 일입니다. 자신의 의지와 상관없이 이리저리 옮겨 다니는 상황이 이해도 안 되고 견딜 수도 없을 것입니다. 처음에는 팀장에게 능력을 인정받는 듯해서 기분이 좋았겠지만, 시간이 갈수록 이용당한다는 생각이 들 수 있습니다.

반대로 그 팀장이 특정 부서에만 내내 눌러앉아 있으면 팀원 입장에서는 더 발전할 수 있는 기회마저 빼앗기게 됩니다. 결국 개인과 조직 모두에게 손해입니다. 좋은 성과를 내는 특정한 팀원에게만 의지하기보다는 그가 더 도전적인 업무를 하고 성장해 나갈 수 있도록 업무 난이도, 업무량, 이동 시기, 경력 개발 등에 관심을 가져야 합니다.

PART 2

팀장의 5가지 핵심 역할

우리가 일터에서 소통하는 목적은
성과를 창출해 내기 위함입니다.
성과와 관련 없는 소통은 비용입니다.
장기적 성과든, 단기적 성과든, 과정별 성과든
팀장과 팀원은 역할 수행을 통해
성과를 창출해야 하는 운명 공동체입니다.

그러므로 지속적으로 성과를 창출하기 위해서는
미션과 비전, 역할과 책임, 목표와 전략 등의
기준에 대한 사전소통이 매우 중요합니다.

Criteria Communication

기준소통

1

어떻게 소통의 오류를 줄이는가?

왜 우리 팀은
소통이 잘 안 될까?

한때 강압적으로 지시하고 명령하는 팀장이 일 잘한다고 인정받던 시절이 있었습니다. 특히 업무 전문성이 뛰어난 팀장들이 그런 식으로 일하고 칭찬받기도 했습니다. 하지만 지금은 그렇게 일방적으로 지시하거나 명령하고 매사에 카리스마로 밀어붙이는 팀장에게 힘을 실어주는 팀원은 찾아보기 어렵습니다. 개개인이 가진 잠재능력을 존중하고, 각자의 고유한 능력과 역량을 끌어내 동기를 부여하는 방향으로 세상이 바뀌어가고 있기 때문입니다.

예나 지금이나 직장생활은 소통이 전부라고 해도 과언이 아닙니다. 일은 팀장과 팀원 간의 소통으로 진행되므로 소통은 언제나 중요한 이슈입니다. 여러 사람이 집단지성을 발휘하면 아무리 뛰어난 개인이라도 한 사람의 지성과는 비교할 수 없을 만큼 큰 시너지 효과를 냅니다. 이처럼 공감과 소통이 중요하다는 것은 누구나 다 아는데 현실의 조직에서는 왜 잘 안 될까요?

팀장과 팀원 사이의 소통은 팀장이 팀원에게 업무를 지시하거나 성과코칭하는 과정에서 주로 이루어집니다. 이때 중요한 것은 전달하고자 하는 메시지와 이를 전달하는 방법입니다. 아무렇게나 툭 던지듯이 말하지 말고 합당한 논리로 설득해야 합니다. 소통에 어려움을 겪고 있다면 먼저 다음과 같은 두 가지 질문을 스스로에게 던져보세요.

업무 지시에 합리적인 근거가 있는가?

업무를 지시하는 소통에는 합리적인 근거, 즉 합당한 논리가 있어야 합니다. 그래야 실행하는 사람도 이해하고 납득합니다. 왜 이 일을 해야 하는지에 대한 논리가 없으면 팀원은 납득하지 못한 채로 일을 실행합니다. 그러다 보면 일하는 과정에서 잘못된 판단이나 실수를 저지르기 쉽습니다. 왜 이 일을 하는지에 대한 논리적 동의도, 심정적 공감도 안 되었기 때문입니다.

팀장들은 흔히 자신의 경험과 판단만 옳다고 생각하고 거기에 집착합니다. 실무에서 뛰어난 성과를 거두고 인정받았던 팀장일수록 그런 자기 확신이 강합니다. 그 때문에 일을 독단적으로 밀어붙일 위험이 큽니다. 그런 성향의 팀장일수록 자신의 업무 지시 스타일을 되돌아보고 배경 설명이 충분했는지, 팀원을 제대로 이해시켰는지 확인해 봐야 합니다.

감성적 거부의 원인은 무엇인가?

만약 논리적인 의도와 합리적인 근거로 설명했음에도 상대방에게 이해를 얻지 못했다면 '감성적 거부' 때문일 가능성이 큽니다. 팀장과 팀원 간의 소통에서 감성을 제대로 다루지 못하면 사실상 팀을 제대로 운영하기가 어렵습니다.

팀장이 순간적으로 화를 폭발해 버리거나 자존심을 세우느라 감정 조절에 실패했을 때, 팀 내부에 부정적인 감정이 전염병 바이러스처럼 쫙 깔립니다. 팀원들은 무거운 분위기 속에서 매사에 긴장하고 눈치를 살피게 됩니다. 그런 어두운 분위기 속에서 서로 원활하게 협의하고 의욕적으로 일할 수 있을까요?

우리가 하는 일의 밑바탕은 합리적이고 냉철한 '이성'이지만, 그 일을 해야만 하는 당위성에 대해 공감을 이끌어내고 사람을 움직이게 만드는 힘은 '감성'에서 비롯됩니다. 그런데 팀장이 자기 얘기만(주로 업무 지시만) 신나게 하고서 '왜 팀원들은 나처럼 열심히 소통하지 않았느냐'고 반문하는 경우가 있습니다. 소통의 의미와 방법을 모르기 때문입니다. 소통은 팀장 자신의 생각을 팀원들에게 주입하는 것이 아닙니다. 소통은 '경청'에서 시작됩니다. 자신의 의견에 대해 팀원들은 어떤 생각을 갖고 있는지 쌍방향으로 주고받고, 그 과정과 결과를 겸허히 받아들이려는 노력을 해야 합니다.

'감성'이 사람을 움직인다

우리는 모두 서로의 업무환경입니다. 물리적, 심리적으로 팀이라는 같은 공간 안에서 팀장과 팀원은 서로에게 영향을 줄 수밖에 없습니다. 영향은 주로 팀원보다 팀장에 의해 좌우되는데 팀장의 품성, 정서, 능력, 역량, 태도 등에 따라 팀원들이 받아들이는 감정은 각자 다릅니다.

이때 감정은 크게 1차원적 감정과 2차원적 감정으로 구분됩니다. 우리가 일반적으로 알고 있는 감정感情, 즉 필링feeling은 1차원적 감정으로 어떤 현상이나 일에 대해 일어나는 마음이나 기분을 말합니다. 하지만 2차원적 감정은 감성感性, 즉 센시티비티sensitivity에 가깝습니다. 감성은 자극이나 자극의 변화를 느끼는 성질로, 어떤 대상으로부터 감각되어져 생기는 인식능력을 의미합니다. 팀장이 염두에 두어야 할 부분이 바로 이 감성입니다.

팀원과 일을 진행할 때 감성을 바탕으로 한 상호작용이 원활하지 않으면 좋은 팀장이 되기 어렵습니다. '말하지 않아도 안다', '목소리만 들어도, 눈빛만 봐도 안다'는 얘기는 말의 내용이 아니라 서로의 뜻과 마음을 이해하고 전달할 수 있다는 '감성'의 문제이기도 합니다. 다른 사람의 감정을 헤아리고 적절히 대응해 조치할 수 있는 감정이입 능력, 즉 감성지능을 키워야 하는 이유가 여기에 있습니다.

팀원과의 친밀한 관계 형성은 이성과 감성이 함께 동원되는 소통이 이루어져야 가능합니다. 그렇기에 팀장은 일에 대한 이성적인 의사결정과 정서적 교류를 위한 표현 방법을 함께 관리할 필요가 있습니다. 다음과 같은 세 가지 팁을 활용해 보기 바랍니다.

팀원과 소통하는 상황을 구체적으로 분석해 본다

대상과 상황에 따라 자신이 언어적 혹은 비언어적 소통 수단들을 어떻게 활용하고 있는지, 소통이 잘 안 될 때 대상과 상황에 따라 어떻게 풀어 나가는지를 정리해 봅니다. 자신의 커뮤니케이션 스타일, 소통 방식을 객관적으로 분석해 보면 무엇을 보완해야 하는지가 드러납니다.

소통하기 전에 팀원과의 관계부터 생각해 본다

아무리 좋은 내용과 중요한 과제에 대해 이야기하려 해도 받아들이는 팀원과의 관계가 좋지 않으면 제대로 된 결과물이 나오기 어렵습니다. 공감대는 내 입장이 아니라 상대방의 입장에서 생각할 때 형성됩니다. 회사가 학교가 아닌 것처럼 팀원은 가르침의 대상이 아닙니다. 공감대를 형성하고 함께 일을 완성해야 할 협업 파트너입니다.

내용이 얼마나 정확하게 전달됐는지 파악해 본다

팀장 자신이 어떤 내용을 얼마나 자세히 설명하느냐는 중요한 문제가 아닙니다. 중요한 것은 그 메시지를 전달받는 팀원들이 팀장의 말을 어떻게 받아들이고 얼마나 이해했는지입니다. 팀원으로부터 업무 보고를 받을 때, 메일을 보낼 때, 대화를 나눌 때 팀원이 어떻게 느낄까를 먼저 생각하고 상대방의 입장에서 전달할 내용을 만들어야 합니다.

팀장의 말을
정확하게 전달하는 방법

 이 세상에 똑같은 사람은 없습니다. 여러분이 커뮤니케이션하는 상대 역시 여러분과 전혀 다른 가치관과 경험과 생각을 가진 사람들입니다. 즉, 81억 분의 1의 확률로 만나 대화를 나눈다고 생각하면 됩니다.

 그럼에도 불구하고 팀장들은 종종 착각에 빠집니다. 공동의 목표를 향해 달려가는 팀이란 이름하에 팀장의 말을 팀원들이 제대로 이해할 것이라고 예단합니다. 자신이 아는 것을 남도 알고 있을 것이라고 착각하기 때문에 상세한 설명은 생략하고, 주어 없이 목적어만 말하거나 말끝을 흐리며 대충 얼버무립니다. 잘못된 커뮤니케이션을 하는 것입니다. '그거 빨리 해줘', '천천히 해도 돼', '살은 내가 붙일게. 대략 초안만 준비해 봐' 같은 말을 자주 들어봤을 것입니다. 구체적인 업무 지시가 아니라 그냥 툭툭 내뱉는 말입니다. 이렇듯 팀장이 명확한 기준을 제시하지 않으면 팀원들은 각자 나름대로 그 말을 해석합니다. 자신들의 경험과 지식과 정보 등을 총동원해서 말입니다.

기준소통이 중요한 이유

팀원이 팀장의 업무 지시를 자의적으로 해석하는 것을 방지하기 위해서는 먼저 용어의 개념과 실행 기준을 명확히 해야 합니다. 그래서 업무 현장에서는 '기준소통'이 매우 중요합니다.

가령 팀장이 생각하는 '빨리'의 기준이 어제는 3시간이었는데 오늘은 30분이라면 어떻게 될까요? 어제를 기준으로 일을 처리하다가는 곤란해집니다. 객관적 소통이 기본이지만 그것이 어렵다면 '빨리'라는 형용사의 기준을 팀원들이 알아차릴 수 있도록 팀장은 늘 같은 의미로 사용해야 합니다. 신입사원이 들어왔을 때 다른 팀원들이 "우리 팀장님이 빨리 해달라는 건 적어도 3시간 이내에 해달라는 뜻입니다"라고 설명할 수 있다면, 그 팀은 나름의 소통 기준을 갖고 있는 셈입니다.

모든 구성원이 하나의 목표를 향해 함께 달리고 있더라도 전공이나 과거 경험이나 관심사에 따라 같은 정보를 다르게 해석할 수도 있습니다. 영어 단어 'function'을 보고 '기능'이라고 이해하는 사람도 있고 '함수'라고 해석하는 사람도 있듯이 말입니다. 이러한 커뮤니케이션의 간극을 줄이기 위해서 팀장은 '상대방은 나와 전혀 다른 사람'이라는 사실을 항상 숙지하고 신경 써야 합니다. 그래야만 소통의 오류를 줄일 수 있습니다.

같은 공간에 있지만 다른 차원에 사는 사람들

수직적인 조직 구조가 소통을 방해한다고 하여 요즘

많은 조직들이 수평적인 조직 만들기에 여념이 없습니다. 그래서 요즘은 대리, 과장, 차장, 부장 등의 직위를 호칭으로 불렀던 과거와 달리 이름 뒤에 '님'자나 '프로', '매니저'를 붙이거나 영어 이름으로 친근하게 부르는 회사도 많아졌습니다. 그런데 생각처럼 쉽게 위계적인 문화가 사라지지는 않는 것 같습니다. 호칭을 수평적으로 바꿔도 근본적인 원인까지 사라지는 것은 아니기 때문입니다.

상대방이 나와 어떻게 다른지 혹은 자라온 환경, 전공, 좋아하는 것, 성별, 종교 등 모든 것을 알 수는 없어도 상대가 나와 다르다는 사실 자체를 인정하면 포용력과 수용력이 생깁니다. 거기에서부터 위계적이지 않은 유연한 소통이 시작됩니다. 나와 다름을 인정하지 못하고 나만 옳다고 생각할 때 벽이 생기면서 불통이 시작되는 것입니다. 이러한 문제를 해소하기 위해 시각을 바꿔보는 몇 가지 방법을 소개합니다.

팀원을 외국인이라고 생각한다

가령 외국인과 대화한다고 생각해 봅시다. 외국인에

게 사건이나 상황을 설명할 때 여러분은 최대한 쉽게 설명하려고 노력할 것입니다. 단어나 표현도 좀 더 명확한 것을 쓰려고 애쓰겠지요. 그러한 배려 덕분에 여러분의 설명은 누구라도 알아듣기 쉬워집니다. 또한 특정한 단어나 대상이 영어단어로 생각나지 않으면 상대방 역시 여러분이 그 단어를 떠올릴 수 있도록 손짓과 발짓까지 동원해 가며 도와줍니다.

팀원을 한국어가 서툰 외국인이라고 생각하면 경청도 쉬워집니다. 무엇을 원하는지 알기 위해서는 진지하게 귀 기울여야 합니다. 길거리에서 한국 사람이 길을 물을 때와 외국인이 길을 물을 때 여러분의 행동은 어떻게 다를까요? 아마도 외국인이 길을 물을 때 더 집중해서 들었을 것입니다.

세대별 특징을 이해한다

팀장은 중간관리자로서 조직 내 거의 모든 구성원과 직접 소통합니다. MZ세대라 불리는 가치 중심적이고 자율적인 팀원들과 X세대라 불리는 보수적이고 지시 통제적인 경영층 사이에서, 즉 같은 공간 내 다른 차원의 사람들과 소통해야 합니다. 이제는 팀장 그 자신이 MZ세대인 경우도 많습니다.

세대별로 표현하는 방식이 다르기 때문에 팀장은 세대가 다른 팀원들의 눈높이에 맞춘 소통의 기술을 갖춰야 합니다. 팀원들이 무엇을 말하고 싶어 하고 무엇을 원하는지 집중해서 들어줘야 합니다. 만약 팀원이 팀장의 말을 제대로 이해하지 못했다면 그것은 설득이 아니라 단순히 전달만 했기 때문입니다. 여기서 오해와 인식의 차이가 생기고 조직 내 갈등이 심화됩니다. 팀장이 가져야 할 역량 중 하나인 커뮤니케이션 역량을 효과적으로 발휘하려면 세대별 특징과 그들이 원하는 소통 방식을 참고하는 것이 좋습니다.

팀원의 수준을 파악한다

아무리 수평적인 조직의 팀이라도 해도 경력 연차에 따라 팀원의 수준은 다를 수 있습니다. 직위를 없앤 조직에서도 1년 차와 5년 차의 역량은 다를 수밖에 없습니다. 하지만 팀장은 때때로 팀원이 몇 년 차인지, 맡은 직무가 무엇인지, 역량은 어느 정도인지를 간과한 채 소통

합니다.

예를 들어 어떤 팀장은 조직에 한창 적응 중인 경력사원에게 '경력이 있으니 이 정도는 알아듣겠지'라고 생각하고 아무런 설명도 안내도 없이 업무 지시를 합니다. 경력사원이어서 업계에 대한 이해는 빠를지 모르겠지만 조직에 들어온 지 얼마 안 되어 업무 프로세스나 내부 상황에 대한 이해가 부족할 수 있는데, 그런 점을 고려하지 않는 것입니다. 또 어떤 팀장은 입사한 지 일주일밖에 안 된 팀원에게 아직도 각 부서의 위치와 구성원의 이름을 헷갈리느냐며 호통을 칩니다. 이처럼 상대방의 상황은 전혀 고려하지 않은 채 지나치게 자기 위주로만 생각하는 팀장들은 깊이 반성하고 달라져야 합니다.

팀원의 자율성을 높이려면
어떻게 소통해야 할까?

'소통하는 게 뭐 그리 어려운가, 평소대로 하면 되지'라고 생각하는 사람도 있겠지만 실제 업무 현장에서 팀장들이 가장 어려워하는 것 중 하나가 팀원과의 소통입니다. 회사생활의 거의 모든 순간이 소통입니다. 정기적으로 열리는 주간, 월간회의는 말할 것도 없고 점심식사나 업무 보고 등 모든 과정이 소통으로 이루어집니다. 이처럼 시시때때로 소통하는데 왜 이렇게 어렵고 잘 안 되는 걸까요? 그 원인은 대화의 질적 측면에 있습니다.

그렇다면 대화의 질을 결정짓는 것은 무엇일까요? 바

로 주제가 되는 메시지와 근거입니다. 메시지와 근거가 엉성하면 일의 추진력이 떨어지고 방향도 혼란스러워집니다. '이렇게 해도 되나?', '어떻게 하라는 거지?', '아까 팀장님이 말씀하신 게 이건가?' 하는 의문과 의심이 생기면 팀원들은 다양한 의사결정 과정에서 판단력이 흐려집니다. 그러면 의사결정부터 실행, 문제 해결까지 모든 일의 속도가 느려집니다. 기준이 명확하지 않으니 고민만 깊어집니다. 권한위임이 잘 이루어진 팀이라 할지라도 전달된 지시의 내용이 불명확하면 의사결정 권한이 있는 팀원들 역시 업무 추진에 어려움을 겪습니다.

명확한 소통은 관리비용을 줄여준다

팀장과 명확하게 소통한 팀원은 자신의 업무에 확신을 가지고 자율적으로 그 일을 추진할 수 있습니다. 결국 팀원의 자율성은 '객관적인 소통이 잘 이루어졌느냐'의 여부에 달려 있습니다. 자율적으로 일하는 팀원은 팀장이 의사결정해 주기를 마냥 기다리지 않습니다. 또한 팀원 자신이 사용할 수 있는 시간, 정보, 자원 등의 범위를 미리 알고 스스로 관리할 수도 있습니다. 팀장과 팀원 간에 오가는 메시지가 명확하고, 그 메시지를 뒷받침하는 핵심 근거들만 제대로 갖춰져도 소위 '커뮤니케이션 비용'을 크게 줄일 수 있습니다.

우리가 일터에서 소통하는 목적은 성과를 창출해 내기 위함입니다. 성과와 관련 없는 소통은 비용cost입니다. 장기적 성과든, 단기적 성과든, 과정별 성과든 팀장과 팀원은 역할 수행을 통해 성과를 창출해야 하는 운명 공동체입니다. 그러므로 지속적으로 성과를 창출하기 위해서는 미션과 비전, 역할과 책임, 능력과 역량, 목표와 전략, 이번 주의 과제와 목표 등의 기준에 대한 사전소통이 매우 중요합니다.

객관적 소통을 이끄는 원칙

말하는 습관을 고치는 것은 쉽지 않은 일입니다. 더욱이 팀장들은 바쁜 업무와 복잡한 인간관계 속에서 말하는 방식까지 신경 쓰며 업무를 지시해야 한다는 것이 엄두가 나지 않을 수도 있습니다. 그럼에도 불구하고 '객관적 소통'은 매우 중요합니다. 물론 처음 시도하는 사람들에게는 객관적 소통이 특히 더 어려울 것입니다. 독일의 철학자이자 과학자인 요한 볼프강 폰 괴테는 "모든 일은 그것이 쉬워지기 전까지 어렵기 마련이다"라는 말을 남겼습니다. 처음에는 어렵겠지만 객관적 소통이 습관으로 자리 잡으면 이는 팀의 성과창출에 매우 중요한 성공요인이 될 것입니다. 나아가 팀원들도 객관적 소통이 가능해진다면 팀 내에서 성과 중심으로 일하는 자기완결적 조직문화가 자연스럽게 정착될 것입니다. 객관적 소통을 이끄는 일곱 가지 원칙을 소개합니다.

상대방의 관점으로 소통한다

대화나 보고는 왜 할까요? 문서는 왜 만들까요? 모두 소통하기 위한 수단이기 때문입니다. 소통을 하기 위한 이 모든 행위를 할 때 누구의 관점을 갖느냐에 따라 그 내용이 크게 달라집니다. 여러분은 상대방의 관점에서 소통하나요?

앞에서 말했듯이 팀장은 중간에 끼어 있습니다. 상위 조직의 리더와도 소통해야 하고 팀원과도 소통해야 합니다. 그러니 누구와 소통하든지 상대방의 요구사항에 초점을 맞춰야 합니다. 그래야만 상대방의 이야기를 먼저 더 많이 경청할 수 있습니다. 상대방의 의도를 지레짐작해서 팀장인 여러분의 이야기부터 먼저 해버리면 그들의 요구사항을 제대로 파악할 수 없습니다. 상대방의 관점에서 대화하고 보고해야 그들의 의도나 요구사항을 곡해할 위험이 줄어듭니다. '상대방의 객관적인 요구사항에 초점을 맞추기', 이는 좋은 소통의 전제조건입니다.

사전에 소통한다

어떤 일을 지시할 때 "일단 해보고 나서 이야기하세요"라고 말하는 경우가 많습니다. 팀원도 "일단 해보고 나서 보고드릴게요" 혹은 "제가 알아서 하겠습니다"라고 말합니다. 이렇게 하면 기대하는 결과물에 대해 먼저 공감하고 시작하는 게 아니라, 일을 추진해 나가는 과정에서 혹은 일을 끝내고 나서 결과물의 품질, 실행 일정,

투입 예산에 대해 소통하게 됩니다.

물론 향후의 업무 개선을 위해 이러한 사후 소통이 필요할 수도 있겠으나, 해당 과제 자체의 성과창출을 위해서는 별 의미가 없습니다. 무엇을 언제까지 해야 하는지 소통하는 것도 중요하지만, 일을 시작하기 전에 기대하는 결과물의 기준을 먼저 소통해야 합니다. 그래야만 일을 하는 도중이나 종료한 후에도 서로 이견이 없습니다.

결론부터 말한다

팀장은 보고를 받는 입장이기 때문에 결론부터 듣고 싶어 합니다. 그래서 "결론이 뭔가요? 핵심만 말하세요"라며 다그치듯이 말합니다. 이럴 때는 팀원을 압박하기보다는 평소 팀원들에게 결론을 한 줄로 요약해서 말하는 법을 코칭해야 합니다. 결론을 먼저 요약해 말하고 그에 대한 근거를 논리적으로 구조화해서 설명하는 커뮤니케이션 스킬을 가르쳐주면 됩니다. 결론부터 말하는 연습을 하다 보면 전체를 한눈에 보는 눈이 생깁니다. 또한 과정부터 설명하며 구구절절 변명하는 습관도 고칠 수 있습니다.

숫자로 말한다

숫자는 현상 파악의 결과물입니다. 신뢰성이 높아지고 의미가 명확해지기 때문에 숫자로 이야기하면 누구나 쉽게 이해할 수 있습니다. 숫자가 아닌 문자 중심으로 말하면 서로가 생각하는 것이 명확하게 정의되지 않아서 정보가 부정확하게 전달되기도 합니다. "빨리 좀 해주세요"보다는 "2일 안에 완료해 주세요"와 같이 구체적인 숫자로 소통하면 예측 가능성이 높아져서 추가 설명을 덧붙일 필요가 없습니다. 특히 팀장에게 질문하기 어려워하는 팀원들을 위한다면 팀장부터 숫자로 소통해야 합니다. 팀장이 명확한 정보를 줄 때 팀원들은 확신을 가지고 일할 수 있습니다.

명사로 말한다

바쁘다 혹은 익숙하다는 등의 이유로 추상적이고 은유적인 지칭을 쓰면서 소통하는 팀장들도 있습니다. '그때 그렇게 했잖아요', '지난번 그거 괜찮던데', '이렇게 말고 좀 색다른 방법 없어요?'와 같은 말을 툭툭 던지면 팀원들은 혼란을 느낍니다.

사람들은 각자 자신만의 인식체계를 가지고 있습니다. 그래서 자신의 경험과 지식의 범주 안에서 사물과 현상을 바라보고 해석합니다. 따라서 '그것', '그때', '거기' 같은 대명사를 자주 사용하면 팀장과 팀원 사이에 생각의 차이가 생겨납니다. 소통의 오류를 줄이기 위해서는 대명사가 아닌 명사로 말해야 합니다. 명사는 자신감의 표현이자 명료함의 상징이며, 전달하고자 하는 대상을 구체화시켜 줍니다.

사실과 의견을 구분한다

대화를 하다 보면 객관적 사실보다는 내 입장에서, 내 관점과 내 언어로 이야기할 때가 많습니다. 대화라는 것 자체가 내 생각을 상대방에게 전달하는 과정이기 때문에 그럴 수밖에 없습니다. 하지만 업무에 관한 대화는 달라야 합니다. 자신의 생각보다는 객관적인 사실을 주고받아야 정확한 소통이 가능해집니다.

팀장은 팀원들에게 주관적 의견보다 객관적 사실을 전달할 때 팀의 성과창출에 도움이 된다는 점을 일깨워줘야 합니다. 또한 팀장도 팀원들에게 업무 피드백을 할 때 주관적 의견보다는 객관적 사실을 통해 팀원들이 자신의 성과를 좀 더 투명하게 바라보고 자기계발 계획을 세울 수 있도록 도와줘야 합니다.

객관적 사실 전달의 핵심은 제로베이스zero base 사고입니다. 자신의 과거 경험이나 지식에 의존하지 않고 현재의 현장 데이터와 현상 분석자료, 리뷰 자료에 근거해 생각하고 대화하고 판단하도록 합니다.

결과보다 인과적 과정에 대해 소통한다

일이 다 끝나고 난 후에 결과만 가지고 따지는 것을 결과주의라고 합니다. 드러난 결과만 가지고 소통하면 과정에 대해서는 소홀해질 가능성이 큽니다. 그렇다고 과정이 결과보다 중요하다는 뜻은 아닙니다. 원하는 결과를 창출해 내기 위한 전략적 과정, 인과적 과정이 중요합니다. 결과 자체보다는 목표와 결과를 비교해 보고, 왜 그러한 결과가 산출되었는지 인과적 과정을 따져보고, 원인을 분석하고, 개선과제를 도출하고 만회대책을 수립해야 합니다.

소통 역량도
훈련으로 향상될 수 있을까?

일을 하다 보면 복잡하고 다양한 문제들이 수시로 발생합니다. 그럴 때 원인을 정확하게 분석하고 적절한 대안을 마련해 문제를 해결할 수 있는 역량이 필요합니다. 더욱이 일촉즉발의 문제 상황이 동시다발적으로 벌어질 때 팀장 개인의 역량이 아무리 뛰어나도 팀장이 혼자서 그것을 모두 예측하거나 통제하기는 어렵습니다. 이런 복잡한 상황을 타개하기 위해서는 팀을 한 몸처럼 움직이도록 응집시켜 줄 팀장의 소통 역량이 필요합니다.

어떻게 보면 소통은 '의미가 만들어지는 과정'입니다.

그 과정을 이해하려면 팀을 기계가 아닌 유기체로 바라볼 필요가 있습니다. 팀원을 부속물로 간주하는 기계적 패러다임에서의 소통은 통제와 위계 중심의 지시, 의견 전달을 목적으로 합니다. 그러면 팀원들은 자신이 책임지고 실행해야 할 일에 대한 방법이나 전략, 문제 해결책을 팀장이나 선임들에게 의존하게 됩니다. 이는 조직을 위해서도 팀원을 위해서도 바람직하지 않습니다.

마치 서로 연결된 거미줄과 같은 네트워크 형태로 팀을 이해해야 합니다. 팀이 역동적인 유기체라는 개념을 가져야 팀원들은 주체적으로 고민하고, 자기완결적인 역할과 책임 실행으로 성과를 창출해 낼 수 있습니다. 또한 팀장도 팀원 개개인의 특성과 잠재력을 존중하고 주체적으로 혁신할 수 있도록 격려하며 참여를 북돋워야 합니다. 팀은 공간적, 심리적으로 상호의존성이 높기 때문에 단순히 생산성이라는 개념에서 벗어나 직장생활의 근무 만족도나 가치 향상이라는 측면에서 어떻게 팀원들과 소통할 것인지가 중요합니다.

사실 지금껏 조직에서 소통이 중요하다고 말로만 강

조했지, 효과적인 소통 방법에 대한 훈련과 관리를 제대로 하지 못했습니다. 특히 일을 잘하는 사람을 그냥 혼자 잘하게 놔두는 것 역시 관리 소홀의 결과입니다. 일을 잘하는 사람들 중에 혼자 일할 때는 굉장히 뛰어난데 다른 팀원들과 협업할 때는 갈등이 끊이지 않고 어이없는 실수를 연발하는 경우가 있습니다. 팀에서 함께 일하기 위해서는 기준이나 순서, 방법과 정보에 대해 지속적으로 공유를 해야 하는데 그러지 못해서입니다.

또한 회의나 면담을 하고 나면 자신의 감정을 컨트롤하지 못하고 스트레스 받는 사람들도 있는데, 마찬가지로 팀에서 소통하는 방식에 대해 배우지 못했거나 바람직한 습관을 형성하지 못했기 때문입니다. 따라서 팀이라는 역동적인 유기체에서 함께 일하고, 생각하고, 대화하는 방식에 대해 조직 차원의 학습이 필요합니다.

판단자가 아닌 검증자의 자세

팀장은 팀의 성과를 책임지고 창출해야 하므로 팀원

들의 역할과 책임이 어느 정도 진행됐는지 실시간으로 궁금해할 것입니다. 그래서 일을 맡겨놓고는 기다리지 못해 팀원을 시도 때도 없이 호출하는 팀장도 많습니다. '이게 다 자네를 위해서야'라는 명분으로 훈계와 지적을 하는 동안 팀원은 자발성과 잠재력을 스스로 억눌러 버립니다. 이래서는 제대로 된 소통이 어렵습니다. 반대로 평상시에는 관심도 없는 듯이 챙기지 않다가 마감 시간이 임박해서야 어떻게 되었느냐며 팀원을 몰아붙이는 팀장도 있습니다. 업무 결과가 신통치 않으면 팀원이 무능한 탓이라고 변명하며 팀원을 어떻게 교체해야 하나 고민하기도 합니다.

이런 일은 왜 벌어질까요? 앞에 나온 두 경우 모두 팀장이 자신을 '판단자'라고 생각하기 때문입니다. 팀장은 모든 걸 판단해 주고 해법을 알려주는 판단자가 아닙니다. 중간 과정에 아무 관심도 기울이지 않다가 결과만 놓고 잘했는지 못했는지를 따지면 안 됩니다. 팀장은 '검증자'로서 팀원의 협업 파트너가 되어야 합니다. 팀원은 실행자이고 팀장은 품질 검증자이자 감리 담당자 역할인 것입니다. '나는 이미 다 알고 있다'는 판단자의 관점으로는 훈계하고 지적하는 소통만 이루어집니다. 그리고 직위가 높다고 해서 반드시 좋은 판단을 하는 것도 아닙니다. 판단은 개인이 아니라 기대하는 결과물, 목표, 기준이 내립니다. 팀장은 기준이 제대로 설정되었는지, 그 기준과 팀원의 역할과 책임이 제대로 부합되고 있는지를 검증하고 감리하는 역할입니다. 그러므로 팀원과 소통할 때 팀장은 기준 중심의 질문을 던지는 검증자의 자세를 갖춰야 합니다. 팀장이 검증자로서의 역할을 수행할 때 팀원은 스스로 사고하고 행동하는 법을 습득할 수 있습니다.

선제적으로 제안하는 소통 스킬

상대방이 말을 시작하기를 기다리는 것이 아니라 먼저 소통하는 것이 선제적 커뮤니케이션입니다. 부르기 전에, 묻기 전에, 궁금해하기 전에, 요청하기 전에, 완료하기 전에 미리 진행 상황을 정리하여 리더가 이해하고 판단할 수 있도록 사실과 의견과 대안을 제안하는 것입니다. 이처럼 상대방이 원하고 필요로 하는 것을 먼저 고민해 제안하는 선제적 커뮤니케이션은 신뢰를 높이고 시간과 자원의 낭비를 막는 최선의 솔루션입니다.

조금 더 구체적으로 설명하자면 일을 시작할 때, 실행하는 중간에, 최종 마무리하기 전에 리더나 일을 요청한 사람에게 일의 진행 과정을 최소한 세 번 정도 리포트합니다. 이때 궁금한 점을 묻고, 제대로 하고 있는지 확인하며, 더 좋은 방법을 제안하는 것도 좋습니다. 이렇게 선제적으로 커뮤니케이션하면 일을 끝내고 나서 재작업하거나 수정할 일이 거의 없습니다. 일종의 문제 예방형, 리스크 관리형, 자율책임형 커뮤니케이션 스킬입니다.

선제적 커뮤니케이션이 원활하게 이루어지려면 '제안형 커뮤니케이션'이 필수입니다. 아무 대안도 없이 문제만 가져가지 말라는 뜻입니다. '지금 이러이러한 상황인데 뭘 어떻게 하면 좋을까요?'라고 상대방의 의견을 구하는 것은 좋지도 옳지도 않습니다. 먼저 자신이 생각하는 해결책을 이야기하고, 상대방의 생각을 묻는 것이 제안형 커뮤니케이션입니다. 그래야 상대방도 막연한 상태에서 답변하지 않고 좀 더 구체적으로 의견을 제시할 수 있습니다.

팀장은 팀원보다 경험이 많고 그만큼 해결책도 많이 가지고 있을 것입니다. 그래서 팀장이 볼 때 팀원의 초보적인 제안이 문제 해결에 큰 도움이 되지 않을 수도 있습니다. 그럼에도 반드시 제안형 커뮤니케이션을 하도록 성과코칭해야 합니다.

팀원들은 스스로 실행 방법과
성과창출 전략을 고민하는 과정에서
생각의 폭이 넓어지고 성공과 실패를 통해 성장합니다.
언제까지 팀장의 의사결정에만 목매는
소통 환경을 내버려둘 것입니까?
팀원들이 선제적으로 제안형 커뮤니케이션을 하지 않으면
임파워먼트도 델리게이션도 이루어질 수 없습니다.

혈액이 구석구석 잘 흘러야 온몸이 건강한 것처럼 소통을 잘하는 팀이 성과창출도 잘합니다. 좋은 소통은 혼자가 아니라 팀으로 함께 일하는 의미를 상기시켜 주고, 협업적이고 상호 의존적인 관계를 지속시키며, 팀과 팀원의 목표를 성과로 창출하게 해줍니다. 일종의 전략적 변화관리 수단인 것입니다. 회사와 팀의 목표가 팀원들에게 잘 전달되면 업무 몰입도도 높아집니다. 이는 팀원들이 조직을 위해 자발적으로 일하는 원동력이 되어 곧 성과로 증명됩니다.

팀원이 진정으로 바라는
팀장의 모습

2000년대 초반에 덴마크 미래학자 롤프 옌센Rolf Jenssen은 앞으로 경제를 끌고나갈 주력 엔진이 정보에서 이미지로 넘어가는 '드림 소사이어티Dream Society'가 도래할 것이라고 주장했습니다. 그의 주장은 틀리지 않았습니다. 지금 우리는 재화나 서비스, 정보를 넘어 상징적 가치와 이미지가 중심 역할을 하는 이미지의 시대에 살고 있습니다.

이미지는 어떠한 대상으로부터 지각된 모든 정보가 인간의 마음속에서 정보 처리를 거쳐 재구성된 하나의

'상像'으로, 어떤 사람이나 사물에 대해 갖는 시각적인 상, 기억, 인상 평가, 태도 등을 총합한 특정 감정입니다. 어떠한 대상에 대한 인상이나 느낌 등의 총체적 이미지는 인간의 태도나 행동을 결정하는 중요한 자료로 활용됩니다.

그렇다면 팀원들이 바라는 팀장의 이미지는 어떤 모습일까요? 바로 '공감과 존중으로 대해주는 팀장'입니다. 생각해 보면 여러분도 팀원일 때 그런 팀장을 바랐을 것입니다. 하지만 현실적으로 대부분의 팀장들은 팀원들의 그러한 기대에 미치지 못합니다. 나이가 들고 직책이 높아질수록 상대방에게 배려를 받는 상황이 많아지면서 자신도 모르게 이기적으로 소통하는 경우가 있습니다. 내가 원하는 시간에 맞춰서, 내가 이야기하고 싶은 주제만 말하고, 내가 듣고 싶은 결과만 골라서 들으려고 합니다. 게다가 대화를 한다고 하지만 상대방의 이야기는 전혀 듣지 않고 일방적으로 자기 이야기만 하는 경우도 많습니다.

팀원들이 여러분의 이야기를 경청하는 이유는 여러분

이 팀장이기 때문이지 내용이 흥미롭고 유익해서가 아닙니다. 여러분보다 상대적으로 경험이 부족하거나 직위가 낮다고 해서 구성원들에게 함부로 해결책을 내놓고 강요하고 있지는 않습니까? 실행 방법에 대해 이래라저래라 명령하지 않습니까? 옆에서 다 들리게 한숨을 푹푹 쉬거나 화를 버럭 낸 적은 없습니까?

팀원들과 소통할 때 함부로 해답을 내놓거나 감정을 드러내서는 안 됩니다. 그러한 태도는 일종의 무의식적인 권위의식입니다. 그리고 말하는 사람에게도, 듣는 사람에게도, 조직에도 백해무익한 폭력적인 대화가 여전히 곳곳에 남아 있습니다. 국내 일류 기업이라는 곳에서도 여전히 "야, 일에 집중해!", "야, 너, 이런 것도 몰라?" 하는 말이 아무렇지도 않게 오갑니다. 이러한 권위적이고 무례한 언사는 자신의 생각은 반드시 관철되어야 할 특별한 것이고 상대방의 생각은 하찮은 것으로 매도하면서 팀원의 존엄성을 훼손합니다. 팀원들을 무시하며 자기주장만 고집하는 불관용적 팀장과 함께 일하는 팀원들의 마음은 어떨까요? 직장생활 자체에 회의가 생길 수밖에 없습니다.

속에 있는 말까지 다 꺼내고 싶게 만드는 법

소통은 서로가 무엇을 원하는지 파악하는 일종의 마케팅 활동입니다. 말하는 사람은 자신이 전하고자 하는 것을 정확하게 전달하기 위해 듣는 사람이 원하는 것을 전하고, 듣는 사람은 경청을 통해 원하는 것을 알아냅니다. 경청傾聽은 상대방의 말을 '그냥 듣는hearing' 것이 아니라 '귀 기울여 주의 깊게 듣는listening' 것을 뜻합니다. 그런데 대다수의 팀장들이 보고를 받는 것에만 익숙한 나머지 자신이 원하는 정보만 파악하려 듭니다. 당연히 팀원이 어떤 정보를 원하는지에 대해서는 관심을 기울이지 않습니다.

**팀원들과 소통할 때 가장 필요한 것은
팀원이 경계심 없이 편안하게 이야기할 수 있도록
멍석을 깔아주는 '서비스 정신'입니다.**

눈빛, 표정, 말투, 음색, 몸짓은 중요한 비언어적 커뮤니케이션 수단입니다. 부드러운 음색과 언어로 말한다

해도 눈동자에 화가 가득하다면 긍정적인 대화가 이어질 수 없습니다. 밝은 표정을 짓고 있지만 공격적인 말투로 이야기한다면 상대방은 비아냥거린다고 여길 수 있습니다. 대화의 내용이 아무리 좋아도 표정, 눈빛, 말투, 음색, 몸짓이 긍정적이지 않으면 제대로 된 소통이 이루어질 수 없습니다. 그러므로 팀장은 비언어적 커뮤니케이션에 신경을 쓰면서 팀원의 말에 경청하고 있다는 것을 온몸으로 보여줄 필요가 있습니다. 그러면 팀원도 자연히 경계심을 풀고 편안하게 말할 수 있습니다.

사람은 감정의 동물입니다. 머리로 알기 전에 마음으로 느낄 수 있습니다. 의사결정이나 지시, 보고 과정에서 문제가 생기면 이성적으로 차분히 해결책을 찾아야겠지만 그전에 화가 나거나 감정이 상하는 경우가 많습니다. 그런 상황에서는 논리적 접근이나 이성적 대화를 기대하기 어렵습니다.

업무와 관련한 회의를 할 때 팀원이 말하는 내용을 메모하는 것이 효과적입니다. 메모를 하는 행위 자체가 상대방에게 '지금 당신이 하는 말을 중요하게 여긴다'고

암시하는 효과가 있기 때문입니다. 그러면 자연스럽게 상대방은 더 자세하고 진정성 있게 자신의 의견을 말합니다. 대화의 흐름이 끊기지 않게 주의하면서 메모하는 습관을 들여보는 것은 어떨까요? 만약 메모가 어려운 상황이라면 눈을 마주치고 고개를 끄덕여주는 등 긍정적인 제스처로 경청하고 있음을 표현하는 것도 좋은 방법입니다. 팀원들은 팀장이 경청한다고 생각하면 용기를 얻고 내면의 이야기까지 풀어놓기도 합니다.

**경청은 그냥 잘 듣는 것이 아닙니다.
상대방이 내놓는 수많은 정보들 중에서
객관적 사실과 주관적 의견을 구분하고,
중요한 것과 그렇지 않은 것을 골라내며,
겉으로는 드러내지 못했지만
상대방이 진짜로 원하는 것이
무엇인지를 파악하는 것입니다.**

경청은 말의 내용뿐만 아니라 그 말의 의도, 말하는 사람의 감정까지 읽어내는 종합적 소통 스킬입니다. 그래서 경청은 팀장이 가져야 할 가장 중요한 커뮤니케이션 스킬입니다. 사소해 보이지만 큰 차이를 만들어내는 결정적 한 방이 되기도 합니다.

임파워먼트는 단순히 개인에게 역할을
부여한다는 의미에서 그치지 않습니다.
팀원을 믿고 역할을 위임했다는 것은
곧 팀원 개인에게 신뢰와 에너지를 제공하는 것이므로
자기효능감을 바탕으로 일을
실행하도록 한다는 의미도 있습니다.

즉, 자발적인 동기를 부여해
혁신 행동에 적극적으로 참여시킴으로써
각자의 역할과 책임을 충실히 할 수 있는
여건을 만들어주는 것입니다.

Empowerment

임파워먼트

2

어떤 역할을 위임할 것인가?

누구에게
어떤 일을 맡겨야 할까?

팀장 혼자 잘한다고 해서 팀이 성공적으로 굴러가는 것은 아닙니다. 당연한 말이겠지만 팀원들이 신뢰와 믿음을 갖고 각자 맡은 '역할과 책임'을 제대로 수행할 수 있는 여건을 만들어야 합니다.

팀장에게는 단계에 맞게 팀원을 육성시킬 의무도 있습니다. 그래서 등장한 것이 '임파워먼트empowerment'입니다. 현대사회는 개인의 권리가 중시되는 만큼 자기주장, 통제력, 심리적 강인함 등 임파워먼트적 요소가 필요합니다. 만약 의사결정에 관한 권한을 상위직책의 전유물로 생각하고 하위직책으로의 위임을 소홀히 한다면 오늘날의 시대적 흐름에 역행하는 것입니다.

임파워먼트는 동사 'empower'와 명사형 어미 '~ment'의 합성어입니다. 동사 'empower'는 접두어 'em'에 'power'를 합친 단어로, 결국 '힘$_{power}$'이라는 단어를 기반으로 생겨난 개념입니다. 여기서 파워는 단순히 물리적인 힘을 뜻하지는 않습니다. 자신의 권리나 기회를 행사하기 위해 발휘하는 통제력을 포함합니다. 일반적으로 개인이 타인에게 가하는 통제력, 영향력 또는 개인의 삶에 대한 통제력을 발휘하게 하는 원동력이라고 볼 수 있습니다.

과거에는 조직에서 '힘'이라고 하면 물리적인 힘인 '제로섬$_{zero-sum}$'의 개념으로 이해했습니다. 그래서 수직적 관계를 형성하는 통제권과 같은 의미로 인식했습니다. 그러나 제로섬 방식의 힘의 논리는 팀원을 무기력하고 수동적으로 만든다는 문제점이 지적되었고, 그 결과 공동의 힘이나 시너지 효과를 기대할 수 있는 '포지티브섬$_{positive-sum}$' 방식으로 변화되었습니다. 팀장에게 집중되었던 힘이 팀원들에게까지 확장되면서 임파워먼트가 도입되고 팀의 발전에 기여할 수 있는 장이 형성된 것입니다. 임파워먼트는 단순히 개념 하나로 정의되기보다는 내포하고 있는 다양한 요소들에 의해 정의됩니다. 현업에서는 '사람을 믿고 일을 맡기는 행위, 역할을 분담하는 것'으로 해석됩니다. 적합한 역할을 부여하는 것, 업무를 분장하는 것, 직책을 맡기는 것, 보임하는 것에 가깝습니다.

임파워먼트는 단순히 개인에게 역할을 부여한다는 의미에서 그치지 않습니다. 팀원을 믿고 역할을 위임했다는 것은 곧 팀원 개인에게 신뢰와 에너지를 제공하는 것이므로 자기효능감을 바탕으로 일을 실행하도록 한다는 의미도 있습니다. 즉, 자발적인 동기를 부여해 혁신 행동에 적극적으로 참여시킴으로써 각자의 역할과 책임을 충실히 할 수 있는 여건을 만들어주는 것입니다.

팀장은 관리자인가, 실무자인가?

팀장은 자신이 위임받은 팀의 단기 성과와 중장기 성

과에 대해 책임집니다. 이러한 책임을 완수하기 위해 팀원들에게 자신의 역할 중 일부를 위임하는데, 이때 위임할 수 있는 역할과 위임할 수 없는 역할을 구분해야 합니다.

팀장의 역할은 크게 '실무 역할'과 '관리 역할' 두 가지로 나뉩니다. 실무 역할은 팀장 자신이 직접 역할 수행을 통해 성과를 창출하는 것으로, 팀원들에게 위임하기 어려운 전문 영역입니다. 한편 팀장이 팀원에게 위임할 수 있는 영역은 관리 역할에 해당합니다. 관리 역할은 위임하는 대상에 따라 다시 임파워먼트와 델리게이션으로 구분됩니다. 임파워먼트는 '사람'을 믿고 '일'을 맡기는 것이고, 델리게이션은 '성과창출 전략'을 믿고 '실행 행위'를 맡기는 것을 말합니다. 즉, 임파워먼트를 통해 '역할'을 위임하고, 델리게이션을 통해 '책임'을 위임하는 것입니다.

보통 위임이라고 하면 자신이 할 일을 믿을 만한 사람에게 대신하도록 지시하고, 결과에 대한 책임도 지게 하는 것이라고 생각합니다. 팀원 입장에서는 어떠한 일을 위임받으면 그 일만큼은 자기 마음대로 해도 된다고 생각합니다. 팀장은 역할 위임과 책임 위임이 어떻게 다른지 명확하게 구분하여 팀원이 각자에게 부여된 역할과 책임을 완수하도록 돕는 조력자가 되어야 합니다. '사람' 관점에서 역할을 위임하는 임파워먼트를 정의하고, '전략 실행'의 관점에서 책임을 위임하는 델리게이션을 정의하면, 각각의 차이를 구분할 수 있어 무엇을 어떻게 위임할 것인지가 명확해집니다.

팀장도 모든 일을 혼자서 다 할 수가 없으니 팀원들에게 권한과 역할을 나눠주고 싶어 합니다. 그런데 그런 팀장이 팀원에게 임파워먼트를 잘 못하는 이유가 무엇일까요?

팀원의 역량과 능력을 믿지 못한다

임파워먼트를 시도하는 팀장들이 번번이 실패하는 이유는 근본적으로 팀원을 신뢰하지 못하기 때문입니다. 팀원의 능력과 역량을 믿지 못하다 보니 일의 진행 과정을 사사건건 간섭하고, 이로 인해 일 처리 시간이 길어지고 에너지 소모도 커집니다. 그러니 임파워먼트가 매끄럽게 이루어지지 못합니다. 팀원을 믿지 못하는 팀장은 현재의 자신에게 기준을 두고 비교합니다. 요즘 팀원들은 팀장 자신이 팀원 시절에 했던 것에 비하면 시간도 덜 쓰고 노력도 덜 한다고 말입니다. 능력도, 역량도 부족해 보이는 데다 노력도, 성실함도 성에 차지 않으니 팀장 자신이 개입하지 않으면 팀이 제대로 돌아가지 않는다고 생각합니다.

지시하고 통제하는 것이 효율적이라고 믿는다

팀장 자신이 팀원을 컨트롤해야만 팀이 한 방향으로 나아간다고 생각하는 것도 문제입니다. 자신이 처음부터 끝까지 전부 컨트롤하면 일의 효율이 높아지고 결과도 좋을 것이라고 생각하는 것입니다. 하지만 이런 방법은 팀원들에게 전혀 동기부여가 안 됩니다. 동기부여가 어려운 상황에서는 자율적인 업무 수행이 불가능합니다. 시키는 일만 겨우겨우 해내고, 일하는 방법도 팀장에게 전적으로 의지하게 됩니다. 팀장은 통제하는 것처럼 보이지만 실은 자신이 팀원들에 의해 통제당하고 있는 것인지도 모릅니다.

팀원 육성에 관심이 없다

간혹 개인의 승진과 성과에만 관심이 있는 팀장들이 있습니다. 이들은 자리를 보전하기 위해 혹은 자신이 개인적으로 돋보이고 싶은 욕심에 임파워먼트를 제대로 하지 않습니다. 본인의 인사평가에 유리한 업무들을 먼저 챙기면서 팀원들에게 업무를 제대로 맡기지 못합니다. 업무를 맡기더라도 그 역할에 맞는 사람을 배치하는 것이 아니라, 자신이 믿을 수 있는 사람인가를 더욱 중시합니다. 그러다 보니 팀원들은 제대로 배워 성장할 수 없고, 팀의 성과도 나아지지 않습니다.

팀원의 능력과 역량을
어떻게 진단할까?

과거에는 권한이 위에서 아래로 흐른다는 것이 상식이었습니다. 하지만 시대가 변했고 이러한 상식도 달라졌습니다. 팀원을 믿고 중요한 정보를 공유하며 더 많은 권한을 부여하면 팀원들의 개인적인 효능감이 높아지고, 상황에 대처하기 위한 일련의 기량을 뛰어나게 발휘할 수 있다고 말입니다. 즉, 임파워먼트가 구성원들의 자발적 동기를 끌어내는 수단으로 중요하게 자리 잡은 것입니다.

임파워먼트라고 하면 흔히들 '믿고 맡긴다' 정도로만

생각하는데 그래서는 안 됩니다. 팀장은 전문가이자 경영자로서 올바른 임파워먼트 방법을 알아야 합니다. 잘못된 방법으로 부지런히 일하는 사람이 제일 문제인 것처럼, 임파워먼트도 방법을 모르고서는 부지런히 해봐야 아무런 효과가 없습니다. 임파워먼트를 잘하기 위해서는 준비가 필요하고 다음 두 가지를 꼭 알아두어야 합니다.

자신이 과거에 배웠던 방식을 강요하지 않는다

팀원을 믿고 일을 맡기려면 우선 그 일을 가장 잘할 수 있는 적임자를 찾아야 합니다. 그런데 많은 팀장들이 '일에 적임자가 따로 있나? 위에서 시키면 하는 것이고, 하면서 전문가가 되는 거지'라고 생각합니다. 자신들이 그런 환경에서 일을 해왔기 때문입니다. 지원하지 않았던 팀에 배정받았던 기억, 자신 없던 업무를 맡아서 맨땅에 헤딩해 본 경험 등 팀장 자신의 과거를 떠올리며 밑바닥에서부터 직접 부딪혀보면서 스스로 배워야 한다고 생각합니다. 그리고 팀원들도 그렇게 할 수 있다고 강요합니다.

능력과 역량을 구분한다

능력과 역량은 어떻게 다를까요? 비슷한 말처럼 보이지만 확연히 구분되는 개념입니다. 능력capability은 해당 업무를 수행하기 위해 갖추고 있어야 할 지식, 스킬, 경험, 태도를 말합니다. 능력을 판단하기 위한 가늠자로 경력, 학력, 자격증 등을 사용합니다. 예전에는 업무 노하우know how라는 능력만 있어도 대우받을 수 있었지만, 현재는 고도화된 업무환경으로 인해 그렇지 않습니다. 능력을 갖춰도 업무를 수행하기 어려워졌다는 뜻입니다.

이제는 성과와 직접적으로 연결되는 '역량'이 더 중요해진 시대입니다. 역량competency은 원하는 결과와 기대하는 결과를 창출해 낼 수 있는 실행력을 말합니다. 역량을 잘 발휘한다는 것은 고객과 현장의 상황을 잘 파악하여 성과목표를 설정하고, 성과창출 전략과 실행 계획action plan을 인과적으로 수립하고 실행할 수 있다는 뜻입니다. 역량은 능력이라는 바탕이 있어야 발휘될 수 있습니다. 역량은 잠재적인 부분으로 일하는 과정에서 발휘되며, 체계적인 훈련과 코칭을 받으면 자연스럽게 쌓입니다.

능력과 역량의 개념을 혼용해서 쓰면 누가 이 일에 적

임자인지 가려낼 수 없고, 팀원 육성에도 문제가 생깁니다. 같은 일을 부여했는데도 어떤 팀원은 좋은 결과물을 가져오는 반면, 어떤 팀원은 그렇지 않을 때가 많습니다. 그 이유는 팀장이 팀원들의 능력과 역량을 제대로 파악하지 못한 채 일을 시켰기 때문입니다.

직무 자격요건을 파악하고 능력을 진단한다

일부 몰지각한 팀장들은 팀의 성과가 만족스럽지 못한 이유를 팀원들의 능력 부족 때문이라고 말합니다. 이들은 팀원의 능력을 의심하고, 소위 에이스라 부를 만한 핵심 인재들이 팀에 없어서 어쩔 수 없이 성과가 낮다는 평계를 댑니다. 그러나 동일한 조건에서도 맡은 일을 모두 잘해내는 팀이 있습니다. 팀장에게는 늘 한정적인 자원이 주어집니다. 그런 상황에서도 만족할 만한 결과물을 만들어내야 하므로 팀원의 능력 부족을 탓하기보다는, 먼저 팀원 개개인의 능력을 제대로 파악하고 해당 업무를 가장 잘할 수 있는 팀원에게 일을 맡기는 임파워먼트를 실행해야 합니다. 이때 유의해야 할 점은 일을 잘하는 특정 팀원에게만 일을 몰아서 맡기면 안 된다는 것입니다.

팀원에게 임파워먼트를 잘하려면 일을 수행할 수 있는 노하우를 뜻하는 '역할 수행 자격요건'을 팀장이 명확하게 파악하고 있어야 합니다. 팀원들이 각자 가진 노하우를 살려 맡고 있는 일을 충실히 해낼 수 있는지 알아야 합니다. 가지고 있는 능력과 맡은 업무의 수준이 맞지 않아 격차가 벌어지면 많은 문제가 생깁니다. 성과를 창출해 내지 못하는 것은 물론이고, 다른 팀원이 그 사람의 일까지 대신 처리하느라 야근이나 특근을 하기도 합니다. 그러면 그 팀원은 일하며 성장할 수 있는 기회를 놓치게 됩니다. 결과적으로 전체적인 팀의 밸런스가 깨져버리고 맙니다.

팀원의 능력을 파악하고 일을 적임자에게 맡기려면 어떻게 해야 할까요? 다음 네 단계를 소개합니다. 첫째, 지식, 스킬, 태도, 직무 수행 경험이라는 네 가지 조건에 따라 팀원이 갖추고 있는 능력을 분석합니다. 그리고 해당 조건의 기대하는 수준을 기재하여 차이의 정도를 비교합니다. 둘째, 인사기록카드에 기재된 전공, 자격증, 업무 경험을 재검토합니다. 셋째, 겉으로 드러나진 않지만 현재 팀원이 어떤 분야의 공부를 하며 자기계발을 하고 있는지 파악합니다. 넷째, 정기적인 면담을 통해 팀원이 앞으로 하고 싶어 하는 일이나 경험했던 일을 기록해 둡니다.

역량을 진단하고 성과창출 능력을 기대한다

팀원들의 능력을 파악해 적임자에게 일을 시키고 결과물도 나쁘지 않다고 해서 지속적인 성과창출이 보장되는 것은 아닙니다. 능력은 성과를 창출해 내기 위한 필요조건이지 충분조건은 아니기 때문입니다. 지속적인 성과창출을 좌우하는 것은 팀원의 '역량'입니다.

입사 시기도 스펙도 비슷한 팀원들이라도 각자의 성과가 다르다면 역량을 따져볼 필요가 있습니다. 능력은 있지만 이를 역량으로 발휘하지 못하는 것입니다. 앞에서 역량은 책임져야 할 성과를 창출하기 위한 실행력이라고 설명했습니다. 그런데 이것은 하루아침에 얻어지는 것이 아닙니다. 역량은 일을 반복적으로 수행하다 보면 얻어지는 것인데 그 수준과 속도는 사람마다 다릅니다. 따라서 팀장은 팀원들의 능력 진단과 함께 역량 진단도 소홀히 해서는 안 됩니다.

그렇다면 역량은 어떻게 진단할 수 있을까요? '목표한 결과물과 직접적으로 연관된 바람직한 행동을 하고 있는지'가 핵심입니다. 현재 갖추고 있는 능력이 좋다고 해서 성과를 창출해 낼 것이라고 단정할 수 없는 것이 바로 이 때문입니다. 그래서 역량을 정확하게 진단하려면 목표로 삼은 결과물을 세부 구성요소로 구체화한 후, 각 구성요소별로 요구되는 바람직한 행동, 즉 필요 행동을 도출해 내는 것이 중요합니다. 도출된 필요 행동과 팀원의 실제 행동을 비교 분석하여 역량을 진단하는 것이 가장 정확합니다.

공통 역량을 진단하고 지속적으로 훈련한다

보통 일을 하는 사람들에게 공통적으로 필요한 역량은 다음과 같습니다. 업무 수행을 통해 수요자가 기대하는 결과물을 성과목표로 구체화하고 사전에 합의할 수 있는 역량, 성과창출 전략과 실행 계획을 수립할 수 있는 역량, 성과목표를 월간이나 주간 단위의 과정 목표로 캐스케이딩하여 잘게 나누어 실행하고 협업을 이끌어낼 수 있는 역량, 과정성과평가와 최종성과평가를 스스로 실행할 수 있고 개선과제와 만회대책을 수립하고 코칭받을 수 있는 역량을 말합니다.

팀장은 이러한 공통 역량을 기준으로 팀원의 현재 역량 상태를 진단하고, 매주 혹은 매월 지속적으로 훈련시키고 성과코칭해야 합니다.

최적의 인재를
구분하는 방법

모든 조직의 구성원은 각자의 역할을 맡습니다. 그리고 그 역할에 따라 팀에서 차지하는 지위와 비중이 달라집니다. 팀원은 팀장이 배정한 특정 업무를 수행하는데 그에 맞게 역할이 나눠지고, 조직은 팀원에게 역할에 따른 구체적인 행동을 요구합니다.

그런데 이러한 과정에서 팀원들은 다양한 갈등을 겪습니다. 업무와 관련된 정보가 너무 많거나 적어서 혼란스러울 때도 있고, 다른 팀원들과의 인간관계에서 어려움을 호소하기도 합니다. 팀장은 팀원들이 각자의 역할을 효과적으로 수행하기를 바라고, 더 나아가 직무 이상의 역할 행동들까지도 자발적으로 해주기를 요구합니다. 하지만 팀장이 팀원에게 기대하는 행동과 실제 팀원의 행동이 일치하지 않을 때도 있습니다.

팀원 역시 자신이 기대했던 역할과 실제 역할 사이에서 혼란을 겪기도 합니다. 자신에게 맞는 역할이 아닐 경우 팀원은 부담감과 압박감 같은 심리적 어려움을 느낍니다. 팀원의 역할에 대한 갈등은 팀 내부뿐만 아니라 팀 간의 이해관계와 역할 기능이 다양하게 얽혀 있는 조직 차원에서도 중요한 이슈가 됩니다. 따라서 팀장이 원하는 능력과 역량, 그리고 팀원이 가진 능력과 역량을 잘 매치해야 합니다. 더불어 그러기 위해서는 그 사이에 어떤 갈등이 있고, 그 갈등을 어떻게 해결해야 할지를 알아야 합니다.

최고의 팀원이 가져야 할 역량

우리나라 기업들의 인사관리 방식에서 나타나는 대표

적인 특징 중 하나는 사람 중심, 즉 속인주의입니다. 직무의 내용보다는 학력이나 나이 등 속인적인 특징에 따라 인사결정을 하는 '사람 중심의 인사관리'는 산업사회의 성장 시대에는 분명 효과가 있었습니다. 하지만 요즘 같은 성숙 시대에는 통하지 않습니다. 화려한 조건보다는 직무 수행에 필요한 능력과 역량을 갖추었는지 검증한 후에 '최적의 인재'를 해당 직무에 배정해야 합니다.

그러므로 팀장은 팀원에 대한 판단의 기준부터 다시 점검해야 합니다. 이제는 더 이상 학벌이나 스펙만으로 사람을 판단할 수 있는 시대가 아닙니다. 해당 직무에 적합한 능력과 역량을 가지고 있는지를 파악하는 것이 먼저입니다. 직무란 개인이 하는 일의 범위입니다. 팀원들이 팀에서 수행해야 할 일의 범위가 명확하다면 그 팀의 효율은 높아질 것입니다. 어떤 업무를 맡았을 때 최적의 역량을 발휘했는지, 그때 필요한 지식과 스킬과 직무 경험은 충분했는지, 일을 수행하는 과정에서 태도는 어떠했는지 등 업무 수행의 전체 프로세스를 볼 수 있어야 합니다.

따라서 팀장은 일을 체계적으로 분류하고, 팀 내 다양한 직무들을 나열한 후 누가 무슨 일을 할지 그 역할을 명확히 구분해야 합니다. 팀 내 '직무기술서'를 작성해 보는 것도 도움이 됩니다. 직무기술서란 특정 직무의 업무 내용과 책임, 권한, 그리고 직무를 효율적으로 수행할 수 있는 자격요건에 관한 정보를 체계적으로 기술한 것으로, 직무별로 각각 작성합니다. 양식이 특별히 정해져 있는 것은 아니고 활용 목적에 따라 내용과 형식을 달리할 수 있지만, 일반적인 기재사항은 다음과 같이 크게 두 가지로 나눠 생각해 볼 수 있습니다.

직무 개요, 직무별 핵심 업무, 핵심 성과기준

일반적인 기업에서 팀은 보통 5~10명 내외로 3~4가지의 핵심 직무를 수행하기 위해 구성된 수평적 조직입니다. 각기 다른 직무의 고유 영역을 담당하는 팀원들과 팀의 조직관리, 팀원관리, 성과관리, 소통관리, 변화관리를 책임지는 팀장이 존재합니다. 팀 내 핵심 직무의 성격, 기능, 목적, 주요 내용을 정의한 후, 직무에 따른 작업, 업무 처리 방법, 처리 절차를 간결하고 명확하게 기술합니다. 이것이 '직무 개요'입니다.

완성된 직무 개요를 바탕으로 직무별 핵심 업무를 파악합니다. 단, 직무별 핵심 업무는 다섯 개 내외로만 기재하고 핵심 업무마다 수행해야 하는 업무 내용이 무엇인지, 그 중요도와 난이도는 어떠한지, 해당 업무의 고객이 누구인지, 그리고 그 업무를 수행하면서 반드시 달성해야 하는 핵심 성과기준이 무엇인지를 적어봅니다.

직무의 인적요건이 담긴 직무명세

앞서 정의한 핵심 업무별로 해당 직무를 수행하기 위한 지식, 스킬, 태도, 필요 직무 경력, 필요 교육 훈련 등 직무의 인적 자격요건을 기술해 봅니다. 지식은 직무 수행을 위해 기본적으로 알고 있어야 하는 내용이고, 스킬은 알고 실행할 수 있는 기능적인 기술과 실행 능력, 태도는 직무 수행에 꼭 필요한 태도나 성향을 작성하면 됩니다. 그리고 해당 직무를 수행하기 위해 사전에 경험할 필요가 있거나 업무 수행에 도움이 되는 직무 경력은 필요 직무 경력에 반영합니다. 이때 이동 가능한 직무와 직무 특성, 업무 수행 기준지표를 함께 고려하면 팀원들이 개발해야 할 육성 목표를 구체적으로 인지할 수 있고, 조직 목표와 연계된 팀원들의 경력 개발 목표를 구체화할 수 있습니다.

팀원의 업무 수행을 관찰하고 기록한다

팀원이 직무를 수행하기 위해 필요한 능력과 역량을 갖추었는지 면밀히 검증할 수 있다면 팀장은 직무에 적합한 최적의 인재를 찾을 수 있습니다. 그리고 팀원은 직무를 수행하는 데 필요한 능력과 역량을 효과적으로 개발할 수 있어서 직무 만족도와 조직 몰입도가 높아지고, 실제로 지속적인 성과창출이 가능해집니다. 직무에 관해 자세히 분석한 팀은 신입사원을 영입할 때도 최적의 인재를 찾을 수 있습니다.

이러한 과정이 제대로 이루어지기 위해서는 반드시 근거가 될 만한 기록 자료가 필요합니다. 기록은 팀의 성과목표를 성과로 창출하기 위한 전략과 전술을 수립하는 데 중요한 토대가 됩니다. 기록하기 위해서는 당연히 관찰해야 합니다. 세밀하게 관찰해 데이터를 구축하고, 그 데이터에 팀원들의 실력을 합쳐야만 목표가 성과로 창출되고 팀원들은 성취감과 만족감을 느낄 수 있습니다. 관찰 일기를 쓰듯이 아무렇게나 기록하는 것은 별 의미가 없습니다. 중요한 것은 판단의 기초가 되는 '사전 기준'과 수행 과정을 판단하는 '관찰 자료'가 모두 충족되어야 한다는 점입니다. 이 기준과 현재 팀원의 행동을 비교해 능력과 역량을 판단할 수 있습니다. 두 번째인 '관찰 자료'는 팀원의 업무 수행과 관련된 정보를 수집하고 이를 기록하는 것인데 관찰법이나 중요사건 기록법, 워크 샘플링 등을 활용하면 도움이 됩니다.

절대 위임할 수 없는
팀장 고유의 업무들

팀의 성과는 결국 팀장의 책임입니다. 그래서일까요? 팀의 목표와 자신의 개인 성과목표를 동일시하는 팀장들이 있습니다. 상위조직으로부터 부여받은 성과목표를 팀원들에게 모두 분배한 채 자신은 팀원들이 목표를 달성하고 있는지 모니터링하고 점검해야 한다고 생각합니다. 그게 자신이 해야 할 일이라고 말입니다. 과제의 성격과 범위에 따라 달라지겠지만, 팀장도 팀의 일원으로서 해야 할 실무 역할이 있습니다. 팀원에게 부여할 수 없는 업무나 업무 프로세스 혁신 등 팀장 자신이 해내야 하는 일입니다. 중요한 것은, 팀의 목표를 팀장 개인의 목표와 동일시해 팀원이 진행한 일을 본인이 해낸 것으로 착각하지 말아야 한다는 것입니다. 팀원이 각자 일을 잘하고 있는지 감시하고 목표에 미달될 때 압박하는 것이 팀장이 해야 할 일의 전부가 아닙니다. 팀장 역시 팀을 구성하는 팀원 중 한 명이므로 팀 목표에 기여해야 할 부분을 찾아야 합니다. 팀원의 실무와는 다른 팀장의 실무 역할은 다음과 같이 네 가지로 나눌 수 있습니다.

선행과제: 팀의 미래를 준비하는 과제

팀장은 팀원들에게 조직의 비전을 제시하고 팀의 중장기목표에 대한 방향을 제시해야 합니다. 1개월, 3개월, 6개월, 1년 후, 2~3년 후 등 미래의 어느 시점에 기대하는 성과를 창출하기 위해 선행적으로 준비하고 실행해야 하는 과제입니다. 주로 연간 성과목표를 성과로 창출하기 위한 분기 선행과제나 월간 선행과제입니다. 만약 지금이 3월이라면 팀장은 2분기 말인 6월의 성과를 창출하기 위해 선행적으로 수행해야 할 과제를 맡아야 합니다. 더 작게는 4월 말 팀의 성과창출을 위해 이번 달인

3월에 선행적으로 준비해야 할 과제를 수행하는 것도 포함되겠지요.

팀장과 팀원의 위치는 숲과 나무의 위치에 비교할 수 있습니다. 팀장은 숲의 위치에 있기 때문에 팀원들에 비해 전체를 두루 볼 수 있습니다. 그러므로 미래를 위해 어떤 선행과제가 필요한지 전망할 수 있습니다. 또한 전사적 차원이나 본부 차원에서 어떤 사업계획을 갖고 있는지 팀원들보다 더 많은 정보를 가지고 있습니다. 다가올 미래 환경을 분석하고, 팀이 미리 준비해야 하는 과제를 도출하고 실행하는 것은 팀장 고유의 몫입니다.

개선과제: 과거의 문제점에서 도출한 문제해결과제

미래를 준비하는 과제라는 점에서는 선행과제와 개선과제가 유사해 보이지만 둘 사이에는 시점에 차이가 있습니다. 개선과제는 과거의 성과창출 과정에서 문제점을 찾아 도출하는 과제를 뜻합니다. 지나간 업무 수행의 과정과 결과물을 분석하고 리뷰해 도출하는 것입니다. 고객의 요구사항을 제대로 파악하지 못했던 점, 경쟁사와 차별화하기 위해 실행했던 전략, 실행 계획을 실천하는 과정에서 생겨난 문제점 등이 포함됩니다.

팀원들도 자신의 성과목표를 리뷰해서 개선과제를 도출하겠지만, 팀장과 팀원이 보는 관점이 항상 일치하지는 않습니다. 팀원이 놓친 부분이나, 팀장이 팀 전체를 조망하는 관점에서 분석한 결과를 토대로 팀원에게 개선과제를 부여해야 합니다. 팀원 개인이 개선하면 팀은 자연스럽게 개선됩니다. 개선과제는 주로 프로세스 관점, 협업의 관점에서 도출됩니다.

육성과제: 팀원의 역량 향상을 위한 과제

팀원들의 능력과 역량은 제각각 다릅니다. 어떤 팀원은 자신이 맡은 직무를 수행하는 데 필요한 능력이 부족하고, 또 어떤 팀원은 목표와 직접적으로 연관된 역량을 잘 발휘하지 못하는 경우도 있습니다. 앞에서 팀장은 팀원들의 능력과 역량을 진단해서 그 수준을 파악해야 한다고 강조했습니다. 그 자료를 토대로 팀원 육성 계획을 세우는 것이 팀장의 실무 역할 중 하나입니다.

팀원을 육성하는 것은 당연히 팀장의 실무 역할입니다. 팀원의 능력과 역량이 곧 팀의 성과창출에 직결되기 때문입니다. 팀장은 팀원 스스로가 파악하지 못하는 부족한 부분을 피드백해 주고 역량 개발 계획에 참여하면서, 필요하다면 성과코칭이나 사내 교육 등을 통해 직접적인 지원을 해줘야 합니다. 팀원의 역량이 적절히 뒷받침되지 못하면 앞서 나온 선행과제와 팀의 성과창출이 모두 무의미해집니다.

직접과제: 직접 수행해야 하는 중요도 높은 과제

팀의 여러 과제 중 중요도와 난이도가 높아 팀원들에게 맡기기 어려운 과제가 바로 직접과제입니다. 팀장은 해당 분야에 대해 팀원들보다 경험이 많고 역량이 높은 전문가입니다. 전문가로서 가진 통찰력과 노하우를 발휘해 직접 해결할 수밖에 없는 업무는 팀원들에게 위임하지 않아야 합니다.

직접과제를 얼마나 완벽하게 수행하느냐에 따라 팀장의 역량평가가 달라집니다. 전문성 없는 팀장과 함께 일하는 팀원들은 제대로 배우지 못합니다. 팀장이 계속 공부하고 성장해야 하는 이유도 바로 이 때문입니다. 팀원들은 전문성 없는 팀장을 무시하고, 팀이 업무상 어려움에 빠졌을 때 아무도 해결하지 못해 결국 성과도 내지 못합니다. 팀장만 역량 있는 팀원을 원하는 것이 아닙니다. 팀원들도 어려운 업무에 부딪혔을 때 영웅처럼 나타나 해결해 주는 역량 있는 팀장을 원합니다.

성과코칭의 가장 큰 장점은 팀원들 스스로가
성과를 창출할 수 있도록 동기를 부여한다는 데 있습니다.
팀원 스스로가 얼마나 동기부여할 수 있느냐가
성과코칭을 통한 성장 가능성을 좌우합니다.

조직이 기존의 학습 지향적 인재 육성 방식 대신,
능동적이고 자율적인 성과코칭 방법을
도입하려는 이유는 무엇일까요?
성과코칭은 실행하는 사람의
자기주체적인 생각으로부터 시작되기 때문입니다.
자발성과 자율성이 강해지면
일에 대한 오너십도 자연스럽게 생겨납니다.

Performance Coaching

성과코칭

3

어떻게 동기부여할 것인가?

왜 팀원들은
시키는 일만 할까?

코칭이라는 단어는 마차를 뜻하는 'coach'에서 나왔습니다. 소수의 승객을 목적지까지 이동시켜 주는 마차와 같이, 코칭은 개인에 대한 맞춤형 지도를 목적으로 합니다. 마차를 타고 목적지에 가는 것처럼 누군가의 지도로 목적지까지 간다는 뜻입니다. 원래 운동선수를 훈련하고 지도하는 사람을 '코치'라고 부르게 된 것이 그 시작이었습니다. 1975년 테니스 코치 티모시 골웨이는 기술이나 방법을 가르쳐주는 것보다 선수들이 자신의 내면에 집중하여 테니스를 치도록 도울 때 가장 효과가 좋다는 것을 발견했습니다. 골웨이의 지도를 받은 사람들은 테니스뿐만 아니라 일상생활에서도 내면에 집중하는 방법을 적용해 여러 어려움을 극복해 냈습니다. 이를 시작으로 코칭은 체계적으로 발전하여 비즈니스 분야에까지 확산되었습니다.

그런데 일반적인 코칭과 성과코칭은 구분해 인식할 필요가 있습니다. 일반적인 코칭은 질문과 경청이라는 기법을 통해 상대방이 스스로 자신의 잠재역량을 이끌어낼 수 있도록 도와줍니다. 비즈니스코칭이라고 하는 분야도 있는데 코치가 자신의 경험과 지식을 대상자에게 전수하거나 소개해 주고 문제 해결을 하는 데 도움을 주는 기법을 말합니다. 반면 성과코칭은 코칭의 대상이 '성과'입니다. 일을 시작해서 성과를 창출할 수 있도록 전체 프로세스에서 대상자에게 기준을 제시하고, 대상자 스스로 기준에 대한 생각을 할 수 있도록 동기부여하고, 생각한 내용이 기준과 얼마나 부합하는지 검증하고 감리하는 활동을 말합니다. 특히 핵심 과제를 도출하고, 성과목표를 설정하고, 성과창출 전략을 수립하고, 실행 단계에서 기간별로 과정목표를 캐스케이딩하고 협업

하는 일련의 과정들을 검증하는 활동입니다. 성과코칭의 핵심은 성과창출 프로세스의 단계별 방법에 대한 생각을 상위리더가 아닌 실행자가 먼저 하고, 상위리더는 검증한다는 데 있습니다. 이것은 리더십의 혁명입니다.

지금까지는 상급자가 상사로서 부하들의 실행 방법에 대한 내용들을 지시하고 통제했습니다. '업무 지시'의 관점으로 일했던 것입니다. 반면 '성과코칭'은 업무나 실행 방법을 지시하는 게 아니라, 성과를 창출하기 위한 방법을 실행자가 주체적으로 고민합니다. 이때 상급자는 상사가 아닌 리더의 역할을 수행하고, 실행자도 부하가 아닌 자기주도적인 성과 책임자로서의 역할을 수행합니다. 이처럼 팀장이 상위리더로서 팀원을 성과코칭해 주고, 팀원도 스스로 성과코칭할 수 있는 '사내 성과코치'가 이루어져야 팀원 육성이 가능해집니다.

성과코칭의 가장 큰 장점은 팀원들 스스로가 성과를 창출할 수 있도록 동기를 부여한다는 데 있습니다. 팀원 스스로가 얼마나 동기부여할 수 있느냐가 성과코칭을 통한 성장 가능성을 좌우합니다. 조직이 기존의 일방적인 지식과 스킬 전달 중심의 학습 지향적 인재 육성 방식 대신, 능동적이고 자율적인 성과코칭 방법을 도입하려는 이유는 무엇일까요? 성과코칭은 실행하는 사람의 자기주체적인 생각으로부터 시작되기 때문입니다. 실행력의 핵심은 자기 머리로 생각하는 것입니다. 자발성과 자율성이 강해지면 일에 대한 오너십도 자연스럽게 생겨납니다.

동기부여를 이끌어내는 성과코칭 질문

인간은 성찰과 반성을 통해 성장하고 발전합니다. 어쩌면 이 때문에 코칭 기법이 각광을 받는지도 모르겠습니다. 특히 성과코칭 프로세스를 실행하면 팀원은 스스로 생각하고 역량을 향상시킬 기회를 갖게 됩니다. 특히 자신의 생각에 대해 팀장으로부터 질문을 받으면, 그 질문에 자신의 생각이 얼마나 부합하는지 스스로 깊이 생각하며 문제 해결 방법을 찾을 수 있습니다. 문제는 아직 성과코칭 방법론에 대한 명확한 인식이 조직에 부재하다는 점입니다. 여전히 팀장은 상사의 역할을 수행하기 때문에 팀원들에게 무언가 해법을 줘야 한다는 강박관념을 가지고 있습니다. 그래서 성과코칭 프로세스에 기반한 단계별 질문을 제대로 할 수 있는 팀장이 많지 않습니다. 팀장을 위한 성과코칭 교육과 훈련이 절실합니다. 그렇다면 성과코칭을 통해 팀원들을 동기부여하려면 팀장에게 어떤 조건이 필요할까요? 크게 두 가지로 나눌 수 있습니다.

업무 지시가 아닌 성과코칭한다

수업시간에 주로 말하는 주체는 선생님이지만 실제 주인공은 학생입니다. 선생님의 역할은 학생들이 학습 내용을 잘 이해하도록 만드는 것입니다. 그래서 학생들에게 개념과 원리를 이해시키고 문제 푸는 방법을 가르쳐주는 티칭teaching이 효과적입니다.

한편 팀에서는 팀장이 팀원으로 하여금 책임지고 완수해야 할 성과가 무엇인지, 무엇을 어떻게 실행해야 하는지를 깨닫도록 촉매 역할을 하고, 실제로 팀원들이 성과를 창출할 수 있도록 해야 합니다. 그러려면 팀장의 경험과 지식을 전수하는 '업무 지시'보다는 팀원 스스로 방법을 강구하고 해결해 나갈 수 있는 '성과코칭'이 더 효율적입니다. 자기 말만 실컷 하는 팀장이 아닌, 실행 주체인 팀원 각자가 문제를 충분히 이해하고 활발하게 의견을 개진할 수 있도록 독려하는 팀장이 되어야 합니다. 팀장으로부터 업무 지시가 아닌 성과코칭을 받으면 팀원들은 자발적으로 행동합니다. 물론 지식이나 스킬에 대한 티칭은 학습의 관점에서 당연히 필요합니다. 하지만 팀장이 주도하기보다는 팀원 주도로 이루어져야 팀원의 자기주도적인 행동을 이끌어낼 수 있습니다.

팀원을 성과코칭하기 전에 팀장은 먼저 자신이 그럴 만한 준비가 되어 있는지를 점검해야 합니다. 즉, 성과 창출 프로세스에 대한 숙지와 단계별 기준에 대한 이해가 필요합니다. 만약 자신이 상사형 팀장이라면, 실행의 주체인 팀원의 이야기를 많이 듣고 그들의 의견을 존중하는 리더형 팀장의 역할과 태도를 생각해 봐야 합니다. 어떻게 하면 우리 팀이 자기완결적인 실행과 자율책임 경영을 구현할 수 있는 환경이 될지를 연구하고, 팀원에 대한 접근 방법을 고민해야 할 것입니다.

팀원의 생각을 인용하여 질문한다

질문을 보면 리더의 수준이 드러납니다. 성과코칭을 잘하는 팀장은 팀원의 생각을 인용하면서 기준에 충실한 객관적인 질문으로 팀원의 문제 해결을 돕습니다. 질문의 공식이 따로 있는 게 아니라, 기준에 대한 팀원의 생각이 있어야 질문할 수 있다는 것을 명심해야 합니다. 팀원 입장에서 팀원이 스스로 해법을 생각하게 하려면 먼저 질문의 방법부터 확 바꿔야 합니다. 팀원이 자신의 생각을 수정하고 발전시킬 수 있도록 질문하는 것이 중요합니다. 팀원의 생각이 전제되지 않은 상태에서 팀장이 밑도 끝도 없이 질문한다면 과연 제대로 대답할 팀원이 있을까요? 팀원 자신의 생각이 기준에 부합하는지 스스로 생각하고 대답할 수 있도록 '생각을 묻는 질문'을 던져야 합니다. 팀원의 생각이 전제되지 않은 상태에서는 아무리 좋은 질문을 해봐야 제대로 된 팀원의 생각을 듣기는 어렵습니다.

올바른 질문은 팀원의 생각을 인용하는 질문입니다. 그래서 받은 질문에 대해 팀원 스스로 해답을 찾도록 유도해야 합니다. 질문을 통해 팀원들이 스스로 문제 해결 방법을 즐기고, 또한 팀원 관점에서 깨달음을 얻게 하는 것이 핵심입니다. 이러한 과정을 거친 팀원들은 자연스럽게 문제 해결 역량이 길러지고, 동료나 리더의 해결 방법에만 의존하지 않습니다.

직장인들은 대체로 일을 열심히 합니다. 한국인들은 성실하고 책임감이 강한 편이기 때문에 아마 여러분의 팀원들도 좀 더 열심히 하려고 애쓰고 있을 것입니다. 목표를 향해 가려면, 무언가를 지속적으로 해내려면 끈기가 필요합니다.

끈기는 동기부여에 달려 있습니다.
의욕과 동기가 지속된다면 그 사람은 지치지 않고
계속해서 목표를 성과로 창출하기 위해 나아갑니다.
팀장의 칭찬은 팀원의 생각을 인용한 구체적인 피드백이어야
동기부여의 효과가 있습니다.

조직에서 구성원을 동기부여하는 방법은 여러 가지가 있겠지만, 고난이나 역경 속에서도 계속 해낼 수 있는 힘을 기르는 데는 성과코칭 기법이 가장 파워풀합니다. 그 어떤 유인조건도 스스로 해결책을 찾아 성취하는 내면의 동기를 이길 수 없기 때문입니다.

기대하는 결과물을 만드는
기획력과 실행력

목표와 실행 계획을 아무리 잘 세워놓아도 일을 하다 보면 애초에 생각했던 것과 다른 방향으로 흘러가는 경우가 많습니다. 누구보다 열심히 노력했는데 원하는 성과가 창출되지 않았다면 무엇이 문제였던 것일까요? 보통은 기획력과 실행력 문제일 가능성이 높습니다. 현장에서는 상위조직에서 하달되는 시급한 일들, 경쟁사의 예상치 못한 전략적 돌발 행동, 갑자기 터져버리는 갖가지 문제들로 하루도 평화로운 날이 없습니다. 그래서 팀장과 팀원들은 그저 눈앞에 닥친 일을 쳐내느라 바빠서 목표는 그저 보고용 페이퍼에 놓인 글자에 불과한 경우가 많습니다. 바쁠수록, 해결하기 어려운 문제일수록 답은 기대하는 결과물에서 찾아야 한다는 것을 기억해야 합니다. 모든 문제는 일을 실행하기 전에 기대하는 결과물을 제대로 파악했느냐에 달렸습니다. 기대하는 결과물을 구체적으로 알면 인과적으로 해야 할 일을 알 수 있고, 인과적으로 해야 할 일을 알면 염려스러운 일에 대해서도 미리 대응 방안을 마련할 수 있습니다.

구성원들의 기획력과 실행력을 결정짓는 화룡점정은 바로 팀장의 성과코칭입니다. 일을 요청하는 사람과 실행하는 사람은 일을 하기 전에 실행하는 사람이 일을 통해 책임져야 할 결과물의 기준에 대해 구체적으로 합의해야 합니다. 또한 성과창출 방법에 대한 당위성을 이해시키기 위한 성과코칭 과정 역시 반드시 필요합니다. 일을 하기 전에 기대하는 결과물에 대한 성과기준을 구체적으로 세워놓아야만 해야 할 일이 무엇인지 결정할 수 있기 때문입니다.

이때 팀장이 명심해야 할 점은

기획력은 성과목표와 인과적인 성과창출 전략이 결정하고,
실행력은 현장과 팀원의 전략실행 역량이
결정한다는 것입니다.
팀원들이 성과로 창출해 내야 하는 것이 무엇인지,
그것을 이루어내기 위해 무엇을 어떻게 해야 하는지
스스로 깨닫도록 해주는 것이
리더가 해야 할 성과코칭의 핵심입니다.

기획력과 계획력, 성과코칭의 관계

정해진 기간 내에 한정된 자원을 투입하여 기대하는 성과를 창출하기 위해서는 일을 '기획'하고 '계획'해야 합니다. 기대하는 성과를 제대로 창출하지 못하는 이유는 기획력과 계획력이 부족해서인 경우가 많습니다. 일상적인 일이든 전략적인 일이든 모든 일에는 기획과 계획이 필요합니다. 기획이 없으면 계획도 없습니다. 여기서 '기획$_{planning}$'이란 일을 하기 전에 성과목표와 인과적인 전략을 수립하여 필요한 자원이 어느 정도 되는지 가

능하는 단계이며, '계획$_{plan}$'은 기획한 것을 실행으로 옮기기 위해 일정별로 진행해야 할 일의 순서를 결정하는 것입니다.

먼저 기획을 할 때에는 상위조직이나 소속 팀으로부터 부여받은 여러 과제 중에서 자신의 역량과 한정된 자원을 우선적으로 쏟아야 할 것을 먼저 선택해 그것을 목표로 정해야 합니다. 이때 어떠한 결과물을 목표로 하는가에 대한 예측값이 있어야 합니다. 이것이 기획의 중요한 기준이 되기 때문입니다. 기획을 할 때는 반드시 기대하는 결과물을 예측하여 처음부터 분명한 기준을 정해놓아야 합니다. 그것이 원칙입니다. 미래의 기대하는 결과물을 현재 시점에서 예측하는 것이 결코 쉽지는 않지만, 한정된 시간과 자원을 가지고 가장 효율적으로 일하려면 반드시 거쳐야만 하는 필수불가결한 사전 조치입니다.

계획은 기획한 것을 실행하기 위해 계획을 세우는 단계입니다. 실행 계획에는 실행 방법과 절차, 일정이 반드시 포함되어야 합니다. 목표와 전략을 세웠다고 해서 곧바로 행동으로 옮길 것이 아니라 먼저 상세하게 실행 계획을 세워야 하는데, 이때 어떻게 전략을 실행할 것인지에 대한 액션플랜을 수립하고 행동으로 옮기는 것이 중요합니다. 특히 좋은 성과를 내는 사람들을 관찰해 보면, 이들은 공통적으로 플랜B라는 비상 계획을 반드시 추가로 준비해 둡니다. 가능성이 있는 리스크 요인들을 미리 감지해 대비하고, 설령 감지하지 못한 리스크가 발생하더라도 플랜B로 빠르게 대처합니다. 만약의 상황에 대비해 플랜A와 플랜B로 실행 방법을 준비하고, 여건이 된다면 플랜C까지도 고려해 볼 수 있습니다.

팀장이 갖춰야 할 수많은 역량 가운데 가장 중요한 핵심 역량은 성과목표를 제대로 합의하는 것입니다. 팀장이 팀원에게 일을 시킬 때는 기대하는 결과물에 대한 기준을 사전에 합의해야 합니다. 그러지 않으면 일이 끝났을 때 시킨 사람과 실행한 사람 사이에 이견이 생길 수밖에 없습니다. 시간 낭비, 예산 낭비가 불 보듯 뻔해집니다. 그래서 과제나 목표 부여와 기대하는 결과물의 기준에 대한 사전 합의 역량이 부족한 사람은 팀장 자격이 없습니다.

목표란 일을 통해 책임져야 할 목적 결과물입니다. 팀원들이 이를 명확하게 파악하고 있어야 배가 산으로 가지 않습니다. 하지만 현장에서는 여기저기에서 긴급한 업무가 터져 나오고, 그로 인해 팀원들은 제대로 된 목표를 정해놓거나 기획과 계획을 철저히 세워놓고 일하기 어렵습니다. 바쁠수록, 어려운 문제일수록 해결 방법은 기획과 계획이 쥐고 있다는 것을 기억해야 합니다. 팀장은 팀원들이 일하기 전에 기대하는 결과물을 먼저 생각하고 팀장과 사전에 합의한 후 실행할 수 있도록 기획과 계획 세우기를 프로세스로 만들어놓아야 합니다.

팀과 개인 차원에서 그 일을 왜 해야 하는지, 어떤 결과물을 성과로 창출해야 하는지를 팀원 각자가 깨닫게 하기 위해서는 핵심 과제와 성과목표에 대한 성과코칭이 우선입니다. 핵심 과제(CSF, Critical Success Factor)는 상위조직이나 본인의 성과창출을 위해 일정 기간 내에 한정된 자원을 우선적으로 선택하고 집중하여 모든 역량을 쏟아야 할 우선순위 과제입니다. 그만큼 상위조직의 성과목표에 직접적으로 기여할 수 있는 부분입니다. 이 핵심 과제 수행을 통해 이루고자 하는 결과물을 의도한

대로 성과로 창출하였는가를 판단할 수 있는 기준이 핵심성과지표가 포함된 성과목표입니다.

팀 차원에서 도출된 핵심 과제와 이에 대한 성과목표는 팀원 각자의 역량을 감안하여 개인 핵심 과제로 부여됩니다. 이때 팀원은 자신에게 부여된 핵심 과제를 수행해서 창출하고자 하는 성과목표를 상태적 목표 형태의 구체적인 성과목표 조감도로 작성합니다. 이를 통해 자신이 특정 기간 내에 성과로 창출해 내야 할 역할과 책임을 명확하게 인식할 수 있습니다. 또한 팀원이 고정변수목표와 변동변수목표의 타깃을 구체화하고 고객의 니즈와 원츠를 반영해 조감도를 작성하는 과정에서 팀장은 조감도를 구성하는 세부목표들과 성과목표가 연계성이 있는지 확인하고 부족한 부분을 성과코칭합니다.

실행력을 높이는 성과코칭

기획과 계획이 수립되면 행동으로 옮기고, 그 행동의 결과로써 성과창출을 기대합니다. 여기서 행동은 실행력을 말하는데, 실행 계획을 실제 행동으로 옮기는 역량을 뜻합니다. 실행력을 높이기 위해서는 어떻게 해야 할까요? 먼저 성과목표의 단위가 체감할 수 있는 범위 안에 들어와야 합니다. 또한 실행 방법이 현실적으로 가능한 것이어야 합니다. 사람은 먼 미래의 목표보다는 눈앞의 목표를 더 해볼 만하다고 느끼고, 성과로 창출 가능하다고 여기기 때문입니다. 그래서 팀장은 연간이나 분기 목표를 월간이나 주간 목표와 같이 기간별 과정 목표로 캐스케이딩할 수 있도록 팀원들을 성과코칭해 실행 가능성을 향상시키도록 독려해야 합니다.

계획한 것을 실행할 때는 어떤 점에 주의해야 할까요? 먼저 생각한 것과 현장의 상황이 다를 수도 있다는 것을 알아야 합니다. 예상치 못한 리스크가 발생할 수도 있고, 계획한 것을 전면 수정해야 하는 사건도 생깁니다. 계획은 업무를 진행할 때 리스크를 최소화하기 위해 하는 것입니다. 그런데 이때 유연성을 가지지 못하고 계획대로만 처리했다가는 일을 그르치게 됩니다. 계획은 수많은 정보의 조합으로 수립한 것이기 때문에 기존에 세워둔

대로 수행하되, 현재의 상황과 환경 변화에 맞게 수정하는 것이 좋습니다. 이를 롤링플랜rolling plan이라고 합니다.

팀원이 일에 완전히 몰입해 앞만 보고 달리다 보면 자신이 현재 어느 위치에 있는지, 주변의 상황은 어떠한지를 놓치는 경우가 생깁니다. 이때 팀장은 팀원이 현장을 빨리 분석해 이슈를 도출하고 유연성 있게 기존 계획을 수정할 수 있도록 도와야 합니다. 그러기 위해서는 팀원이 자신의 업무 프로세스에서 어디에 위치하고 있는지를 수시로 모니터링하고, 최소한 주간 단위로 리뷰하며 특이사항을 기록하는 습관을 들이도록 성과코칭해야 합니다. 팀장 역시 연말이나 평가 시즌에만 팀원들에게 피드백하지 말고, 팀원들이 업무를 실행하는 과정마다 리얼타임으로 성과코칭하고 피드백해야 합니다. 팀장이 개입해야 할 순간을 놓치지 않는 것이 관건입니다.

실행 단계에서 성과코칭의 핵심은 팀원들이 성과창출 전략과 실행 방법을 스스로 생각해 낼 수 있도록 이끌어주는 것입니다. 결과적으로 팀원은 책임져야 할 성과목표를 성과로 창출하고, 성과창출의 과정을 통해 조직에서 분담하는 역할 역량이 커집니다. 성과코칭의 성공은 평소 팀원들과 얼마나 주기적으로 소통하고 친밀하게 지내는지에 달렸습니다. 팀장은 팀원들의 목표 대비 성과창출 수준이 어느 정도인지를 끊임없이 모니터링하며, 부진한 팀원이 있으면 적극 지원해 주고 문제점이 무엇인지 파악해야 합니다. 할 일을 지시하는 수준이 아닌 팀원들이 어떤 결과를 내야 하는지, 결과물을 미리 인식할 수 있도록 성과코칭하는 것이 중요합니다.

결과물을 미리 보고 일을 수행한다는 것 자체가 기존의 일하는 방식을 완전히 혁신하는 도전적인 방식임은 분명합니다. 아마도 팀장과 팀원 모두에게 쉬운 일은 아닐 것입니다. 팀장이 먼저 기대하는 결과물 중심으로 인과적인 전략을 수립하고 액션플랜을 실행해야만 팀원에게 적절한 성과코칭을 할 수 있습니다. 이 때문에 팀장 자신의 일하는 방식부터 혁신하려는 노력이 필요합니다. 성과코칭은 코칭하는 팀장부터 먼저 변화하고 도전적인 과제를 수행할 때에야 비로소 팀원들에게도 효과를 발휘할 수 있습니다.

스케치페이퍼로
성과코칭하는 방법

팀장들은 자신의 성과코칭 스타일이 팀원에게 자율권을 주는 것인지 방임하는 것인지 혼란을 느낄 때가 있습니다. 팀원 또한 마찬가지입니다. 어느 선까지 스스로 해결해야 하는지 난감할 때가 있습니다. 성과코칭과 방임 사이, 그리고 자율권의 범위에 대해 서로 오해하면 권한위임의 부작용이 발생합니다.

   예를 들어 팀원에게 자신이 생각하는 정답만을 알려주려는 팀장들이 있습니다. 시간을 낭비하지 않고 팀원이 빠르게 결과물을 가지고 오길 바라는 마음에서일 것입니다. 그리고 자신이 이미 치열하게 경험해 본 소중한 노하우가 팀원에게도 도움이 될 것이라고 생각해서 그러는 경우도 있습니다. 틀린 생각은 아닙니다. 팀원은 팀장이 가르쳐준 대로 실행하면 결과물을 빠르게 얻을 수 있고, 시행착오 없이 업무 노하우를 하나 얻게 되는 셈이니 말입니다.

그러나 팀장이 팀원에게 직접적으로 방법을 알려주는 것은 특수한 상황에서만 일어나야 하는 일입니다. 물론 업무 경험이 전혀 없는 팀원이라면 초반에 방법을 최대한 세세하게 알려주는 것이 좋습니다. 또한 팀원의 수준에서 해결하기 어려운 문제가 발생했을 때는 팀장이 직접 해결하거나 팀장이 알려주는 방법으로 해결하는 것이 도움이 됩니다. 이런 경우가 아니라면 팀장은 정답을 알려주고 싶은 마음을 꾹 누르고, 팀원이 스스로 성장하도록 기다려야 합니다. 팀장이 방법을 하나씩 알려줄 때마다 팀원의 성장 기회는 한 걸음씩 멀어집니다.

팀장은 정답을 알려주는 사람이 아닙니다. 성과코칭을 통해 팀원들이 목표라는 도면을 시작으로 성과라는 목적지까지 제대로 갈 수 있도록 검증자와 감리자 역할을 하면 됩니다. 목적지까지 가는 것은 팀원들입니다. 그들이 잘못된 길로 갈 때마다 나침반처럼 방향을 알려주는 것이 팀장의 몫입니다. 팀원들은 자신이 수립한 전략을 실행에 옮기는 과정에서 크고 작은 어려움에 부딪힙니다. 해낼 수 있는 역량이 충분하다고 해도 언제 어디서든 돌발 변수가 발생하고, 목표와 전략을 수정해야 하는 경우가 생깁니다. 그러므로 팀원의 방법을 믿고 실행을 맡겼다고 해서 그들이 성과를 창출하는 과정을 넋 놓고 기다려서는 안 됩니다. 일관된 방향성을 잃지 않도록 지속적으로 팀원의 과정성과를 리뷰하며 성과코칭해야 합니다.

스케치페이퍼, 성과창출 전략과 실행 방법의 밑그림

팀장이 팀원에게 성과목표를 검증하고 확정해 줬다고 칩시다. 팀원이 찰떡같이 말귀를 알아들으면 좋겠지만 그럼에도 서로 동상이몽 하는 경우가 많습니다. 팀장은 목표를 명확하게 합의해 주지 못하고 팀원은 팀장의 니즈와 원츠를 구분하지 못하면 소통이 제대로 이루어지지 않습니다. 조직에서 일반적으로 나타나는 상하 간의 소통 문제는 소통을 위한 구체적이고 디테일한 프로세스가 제대로 작동하지 않아서 생깁니다. 이 문제를 해결해 줄 객관적인 방법이 있습니다. 바로 '스케치페이퍼sketch paper'입니다. '역할과 책임(R&R, Role&Responsibility) 합의서'라고 해도 됩니다.

스케치페이퍼란 일을 실행하기 전에 팀원이 어떤 전략과 방법으로 실행할 것인지를 대략적으로 기술해 보는 문서입니다. 팀원이 상위리더와 합의한 성과목표를 성과로 창출하기 위한 일종의 밑그림이라고 보면 됩니다. 먼저 팀원이 팀장으로부터 부여받은 일의 성과목표를 구체적으로 작성해 보고, 성과목표를 성과로 창출하기 위해 어떠한 인과적인 성과창출 전략과 계획을 가지고 실행할 것인지 대략적으로 스케치페이퍼를 작성해 봅니다. 이렇게 작성된 자료를 활용해 팀원과 팀장은 성과목표와 성과창출 전략에 대해 소통합니다. 스케치페이퍼는 성과목표와 전략에 대한 공감대를 다지는 성과창출 전략의 프리뷰 도구이자 근거 자료로써 소통의 매개체가 됩니다.

스케치페이퍼를 제대로 활용할 줄 아는 팀은 델리게이션이 안정적으로 정착되어 있다고 볼 수 있습니다. 꼼꼼히 작성된 스케치페이퍼에서부터 델리게이션이 시작되기 때문입니다. 팀원의 입장에서는 대략적인 일의 결과물과 실행 방법에 대해 확신을 가질 수 있어서 걱정이 줄어듭니다. 자신감도 붙습니다. 팀장 역시 팀원이 어떤 전략과 방법으로 일을 진행할 것인지 미리 알고 있기 때문에 불안한 마음에 자꾸 간섭하는 일이 없어집니다. 서로를 신뢰할 수 있는 객관적인 소통의 도구인 셈입니다.

팀원은 현장 실무자로서 창의적인 방법으로 새롭게 일을 수행해 낼 수 있는 역량이 있지만, 자신이 생각해 낸 전략과 방법이 100퍼센트 정확한 답이라고 장담할 수는 없습니다. 팀장은 팀원이 스스로 고민해서 만든 전략과 방법을 살펴보고, 타깃과 방법이 기준과 부합하지 않는다면 팀원 스스로 기준에 부합하는 생각을 하도록 성과코칭해야 합니다. 이 과정에서 팀장은 자신이 생각하는 방법을 밀어붙이지 말고 근거가 있다면 팀원이 제안한 방법을 수용할 줄 알아야 합니다.

일을 속 시원히 맡기기 어렵다면

그런데 팀장들이 성과코칭을 하다 보면 심각하게 고민이 되는 순간도 있습니다. 바로 '역량이 부족한 팀원에게도 자율성을 보장해야 하는가?'라는 문제에 닥쳤을 때입니다. 결과적으로 팀의 성과창출을 위해서 그들에게도 자율성을 보장해 줄 필요는 있습니다. 대신 혼자서도 성과를 창출해 낼 수 있을 만큼 역량을 키워주는 것이 우선입니다. 역량이 부족한 팀원에게는 하루 단위로 시간을 짧게 나눠 일을 맡기는 것이 좋습니다. 아무리 역량이 부족하더라도, 결국 팀원이 실행해야 하고 그럴 수밖에 없습니다. 그렇기에 실행 기간을 짧게 나눠 작은 일부터 맡기고 점검하면서 성과코칭해야 합니다.

저성과자에게는 일을 속 시원하게 맡기기 어려운 것이 사실입니다. 그럴 때는 그들의 수준에서 고민해 볼 수 있는 기간별 과제를 부여해 보는 것도 방법입니다. 이들이 맡은 일에서 성과를 창출해 내지 못하는 이유는 다양합니다. 성과창출 프로세스의 단계별 기준에 따라 스스로 생각하고 행동하는 역량이 부족할 수도 있고, 일시적인 슬럼프에 빠져 일이 귀찮아진 것일 수도 있습니다. 어찌되었든 성과 역량이 미흡한 팀원에게는 스스로 생각하고 고민할 수 있는 습관을 길러주어야 합니다.

그리고 인사평가를 통해 스스로가 저성과자라는 것을 알게 된 팀원들도 있습니다. 그들은 의욕이 완전히 떨어져 시키는 일만 겨우 처리해 내기도 합니다. 그런 경우라면 더더욱 작은 변화에도 칭찬을 아끼지 말아야 합니다. 전략을 고민해서 가져올 때도 마찬가지입니다. 자기 완결적으로 성과를 창출하기 힘든 팀원이라고 해서 버릴 생각부터 하지 말고, 팀장이라면 팀이 함께 성과를 창출해 낼 수 있도록 그 팀원까지 보듬어야 합니다.

성과지향적
역할 행동을 정의하라

어떤 팀장을 만나느냐는 팀원 입장에서 굉장히 중요한 문제입니다. 여러분도 팀원일 때를 생각해 보면 알 것입니다. 팀이 공동의 목표를 성과로 창출하는 과정에서 팀장은 팀원들에게 꽤 큰 영향력을 행사합니다. 이는 주어진 여건 속에서 목표를 성과로 창출하기 위해 팀원들이 일관된 방향을 유지하도록 이끌기 위한 영향력입니다.

그런데 팀장이 영향력을 행사하는 데에도 스킬이 필요합니다. 팀장에게 요구되는 이러한 스킬은 시대적 상황에 따라, 팀장에 대해 기대하는 역할 행동이 무엇인지에 따라 달라집니다. 과거에는 다수를 향한 통제, 감독, 관리를 중시했고 그에 따라 팀장이 팀원들에게 직접적인 방법을 가르쳐주는 업무 지시 같은 역할 행동을 기대했습니다. 물론 그 시절 업무 지시는 효율성과 생산성을 높이는 데 큰 효과가 있었습니다.

하지만 오늘날은 달라졌습니다. 신입사원이나 업무 역량이 부족한 저성과자에게는 능력 개발과 역량 훈련을 위한 티칭과 트레이닝이 더욱 효과적인 경우도 있겠지만, 그 외에는 일반적으로 팀원들이 가지고 있는 역량을 더욱 극대화하고 스스로 일할 수 있도록 돕는 성과코칭이 필요합니다.

그래서 오늘날 조직은 팀장에게 성과코칭을 하라고 요구합니다. 즉, 팀장은 팀원들이 성과창출 프로세스에 대해 단계별 기준을 인지할 수 있도록 보여주고 알려줌으로써 팀원들이 스스로 기준에 부합하는 생각을 할 수 있도록, 그래서 수요자인 상위리더가 기대하는 가치 있는 성과를 창출하도록 도움을 주는 역할 행동을 해야 한다는 뜻입니다.

성과코칭은 일반적인 업무 관리와 다릅니다. 앞에서도 말했듯이 성과코칭은 업무 지시와 달리 팀장과 팀원 간의 상호작용을 중시합니다. 비유를 하자면 팀원은 실행 관리를 하고 팀장은 품질 보증을 하듯이, 팀장은 팀원의 생각과 행동이 기준에 부합하는지 검증하고 감리하는 역할을 합니다. 그래서 팀장과 팀원은 성과창출 프로세스의 기준을 중심으로 수평적이고 상호 존중하는 커뮤니케이션을 해야 합니다. 아마도 이 점이 가장 큰 변화일 것입니다. 그래서 팀장 입장에서는 업무 지시나 업무 관리에 비해 성과코칭이 더 까다롭게 느껴질 것입니다.

무엇보다도 직책상 윗사람인 팀장이 팀원을 바라볼 때 수평적인 동료나 파트너로 관점을 전환시켜야 한다는 점이 가장 어려운 혁신 과제일 것입니다. 또한 성과코칭을 해야 하는 팀장은 자신의 과거 업무 경험과 축적된 지식에 기반한 개인기가 아니라, 현장과 고객 중심의 성과창출 프로세스에 대한 인식과 역량을 훈련하는 것도 어렵게 느껴질 것입니다.

성과 지향적 역할 행동을 성과코칭하기

팀원이 성과 지향적으로 일할 수 있도록 역할 행동을 성과코칭하기 위해서는 몇 가지 기준이 필요합니다. 성과 지향적으로 일한다는 것은 무슨 뜻일까요? 간단히 정의하자면 목표와 전략 중심으로 업무를 기획하고 실행하는 것입니다. 그 점을 먼저 생각한다면 성과 지향적 역할 행동을 성과코칭하는 것도 쉽게 이해할 수 있을 것입니다.

이 책에서 계속 일반적인 '코칭'이라고 하지 않고 '성과코칭'이라고 말하는 이유는 코칭의 대상이 사람이나 업무가 아니라 성과라는 것을 강조하기 위해서입니다. 성과 지향적인 역할 행동을 성과코칭하기 위해 가장 먼저 주목해야 할 것은 기간별 성과목표입니다. 연간 성과목표를 최종적으로 성과로 창출해 내기 위해서는 기간별로 성과목표를 캐스케이딩하여 과정목표를 명확하게 설정하는 것이 중요합니다. 팀이 수행해야 하는 과제는 짧으면 2~3주, 길면 2~3개월 단위가 대부분입니다.

과제마다 성과목표가 없으면 과제와 연간 성과목표 간의 연계성이 사라집니다. 기간별 성과목표는 워크숍을 통해 팀 전체가 목표를 공유하고, 팀원들이 팀의 목표를 성과로 창출해 내기 위해 기간별로 자신이 어떠한 인과적인 과제를 성과목표로 삼아 성과를 창출해 내야 하는지 공감하는 것이 중요합니다. 기간별 성과목표를 설정하는 3단계를 소개합니다.

1단계: 기간별 과정목표 나누기

첫 번째 단계는 연간 성과목표를 반기, 분기 단위로 세분화하는 것입니다. 이를 다시 월간 단위로 나누면 해당 월에 팀과 팀원 개개인이 어떤 성과를 책임져야 하는지 각자의 기간별 핵심 과제와 성과목표가 설정됩니다. 월간 성과목표를 다시 주간, 일일 단위의 과정목표로 나누면 팀원 각자가 한 주 동안 해야 할 과제와 책임져야 할 결과물이 무엇인지 역할과 책임이 정해집니다. 팀장은 팀원들이 기간별 성과목표를 실행해 나가며 목표한 바를 성과로 창출할 수 있도록 순간순간 '스폿spot 성과코칭'을 해야 합니다.

2단계: 성과목표 조감도 작성하기

두 번째 단계는 조감도를 성과코칭하는 것입니다. 조감도란 과제 수행을 통해 얻고자 하는 결과물의 세부구성목표와 상태들을 입체적인 이미지로 그려낸 것을 말합니다. 연간 성과목표 조감도는 본부에서 팀으로 캐스케이딩된 성과목표를 성과로 창출해 내기 위해 팀장이 팀원 개개인에게 부여할 연간 성과목표를 상세하게 작성한 것입니다. 조감도를 명확하게 작성하면 팀장은 팀원들과 함께 1년 동안 뚜렷한 목표의식을 갖고 일을 완수할 수 있습니다.

팀장은 팀원이 작성한 성과목표 조감도를 통해 팀원이 목표를 명확하게 인식하고 있는지, 목표를 성과로 창출하기 위해 한정된 자원을 가지고 어떤 과제와 목표에, 누가 어떻게 선택과 집중을 할지, 구체적인 공략 방법을 세웠는지를 가늠할 수 있습니다. 작성된 조감도에서 성과창출 가능성이 보이지 않는다면 팀장은 인과적인 성과창출 전략과 방법을 코칭합니다.

3단계: 성과목표와 성과창출 전략을 성과코칭하기

세 번째 단계는 성과목표와 성과창출 전략을 성과코칭하는 것입니다. 성과창출 가능성과 전략 실현 가능성은 성과창출 전략이 좌우합니다. 아무리 성과목표를 구체적으로 설정했다 해도 이를 직접 실행해 내지 않으면 아무런 의미가 없습니다.

예를 들어 A사원이 성과창출 전략을 수립한다고 칩시다. 아무래도 사원은 대리나 과장에 비해서 시간과 노력을 더 많이 투입해야 성과창출 가능성이 높아집니다. 그렇다고 매일 두 시간씩 야근하기, 주말에 고객사 방문하기 등 실천하기 어려워 보이는 액션플랜을 성과창출 전략이라고 할 수 있을까요? 팀장은 이러한 팀원의 생각을 잘 살펴보고 성과창출 전략에 대한 생각부터 명확하게 심어줘야 합니다. 팀이나 팀원 차원에서 수행하는 성과창출 전략의 핵심은 기대하는 목표 수준$_{\text{To be}}$과 현재 수준$_{\text{As is}}$의 차이를 문제로 객관화하고, 이를 해결하는 방법을 찾아내는 것입니다.

팀장은 팀원이 과제수행을 통해 창출해야 할

성과의 기준인 성과목표 조감도를
현장을 기준으로, 객관적으로 그리고 있는지 관찰하고
성과목표와 현재 수준을 인식하고
해결해야 할 문제를 객관화하고 있는지,
공략해야 할 타깃을 명료하게 인식하고 있는지
깨달을 수 있도록 성과코칭해야 합니다.

팀장은 팀원을 성과코칭해야 하지만, 자신도 성과코칭을 받아야 합니다. 자신의 상위리더에게 성과코칭을 요청하거나, 셀프 성과코칭을 해보는 것도 도움이 됩니다. 팀장 정도면 스스로 질문하고 답을 하는 과정을 통해 셀프 성과코칭이 얼마든지 가능합니다. 이는 사소해 보이지만 큰 효과를 볼 수 있습니다.

팀원에게 자발적 학습의지 심어주기

자기완결적 성과창출의 핵심은 스스로 자율책임 경영이 가능한가에 달려 있습니다. 그것을 성과코칭하는 것 역시 성과코칭을 받는 대상자가 자발적인 의지를 가지고 있어야 가능합니다. 팀장으로부터 통제받길 원하거나 성장하려는 의지가 없는 팀원에게는 아무리 좋은 성과코칭을 한다고 해도 결과는 무의미합니다.

앞에서 여러 번 강조했듯이, 성과코칭은 업무 지시나 경험을 전수해 주는 것이 아니라 그 일을 실행할 주체가 스스로 성과창출 과정을 실행해 나갈 수 있도록 돕는 과정입니다. 그래서 어느 정도 일할 능력과 역량이 갖춰진 팀원, 스스로 변화할 준비가 된 팀원을 대상으로 해야 성공할 수 있습니다. 팀장은 팀원을 유심히 관찰하면서 성과코칭이 필요한 타이밍인지 혹은 능력에 대한 티칭이나 역량 트레이닝이 필요한 타이밍인지를 구분해야 합니다.

또한 팀원이 여럿 있다면, 성과코칭이 필요한 팀원과 능력 티칭이 필요한 팀원을 나눠보는 것도 좋습니다. 이 과정에서 팀원이 자기주도적인 노력을 보이면 적극적으로 지지하고, 단계마다 스스로 책임 의식을 경험할 수 있는 조건을 만들어두면 더 큰 효과를 발휘합니다.

팀장이 팀원의 현재 상태를 판단할 때 유의해야 할 점

이 있습니다. 바로 객관적인 진단입니다. 팀원에 대한 능력과 역량에 대한 객관적인 진단 자료가 필수입니다. 팀장의 주관적인 관찰과 경험을 바탕으로 팀원에 대해 섣불리 판단을 내리는 것은 금물입니다. 팀장과 팀원이 함께 '능력과 역량 진단표'를 작성해 보고, 그 진단 결과를 놓고 팀원과 논의합니다. 결과를 보면 팀원은 스스로가 능력 티칭을 받아야 할 때인지, 성과코칭을 받을 수 있는 단계인지를 객관적으로 알 수 있습니다. 진단 결과를 인정하고, 수용하고, 납득해야만 이후에 성과코칭이든 능력 티칭이든 제대로 이루어질 수 있습니다. 그리고 팀원은 부족한 능력과 역량을 기간별로 어떻게 개발하고 훈련할 것인지 스스로 구체적으로 계획하고 팀장의 성과코칭을 받아야 합니다. 그 과정에서 자연스럽게 자기주도적, 주체적인 책임 의식이 생겨납니다.

팀장은 팀원을 대신해 고민하는 사람이 아니라
팀원 스스로 고민하게 만드는 사람입니다.
팀원이 전략과 방법을 고민하는 게 습관화되어 있지 않으면
업무처리 방법이나 계획에 대해서
동료나 팀장에게 의존하려고만 하고,
문제가 발생했을 때도 소극적으로 대처하기 쉽습니다.

리더십이란 '정해진 기간 내에 상대방으로 하여금
리더가 원하는 성과를 창출하게 하는 역량'입니다.

Delegation

델리게이션

4

자율성은 어떻게 발현되는가?

팀원을 믿고 육성하는
최고의 기술

팀장 혼자 모든 의사결정을 다 할 수는 없습니다. 아무리 뛰어난 팀장이라도 그렇게 하는 것은 위험 부담이 너무 크고, 업무 속도를 느리게 만듭니다. 수년 전부터 경영계에서는 '애자일agile'이라는 키워드가 핫했습니다. 애자일의 핵심은 '자기완결적 실행'입니다. 팀원 개개인이 리더의 자세로 주체적으로 판단하고 결정하고 실행해야 하는 '셀프 리더'가 되어야 하는 시대입니다. 그러나 여전히 많은 팀장들이 최상위직책에서 가져야 할 역할role, 자리position, 힘power을 빼앗긴다는 오해 때문에, 현장 부서와 구성원들에게 권한위임하기를 꺼려합니다.

> **'사람' 관점에서 역할이나 자리를 분담하는 것은
> 임파워먼트입니다.
> 이는 '일'의 관점에서 의사결정이나
> 실행 권한을 논하는 델리게이션과는 다릅니다.**

델리게이션이란 성과책임을 다하기 위한 성과창출 전략을 믿고 실행 행위를 맡기는 것으로, 팀원에게 성과창출 전략과 실행 방법을 선택할 수 있는 의사결정 권한과 실행 행위의 자율성을 보장하는 것을 의미합니다. 실행 방법을 선택하는 과정에서 창의성과 혁신성을 극대화하고 팀원들의 역량을 키우는 것이 델리게이션의 목적이자 본질입니다. 거기에 덧붙여 팀원들이 성과창출의 주도권을 가지고 자기완결적으로 일하게 되면, 서로를 신뢰하는 조직문화를 만들 수 있습니다.

흔히 '관리'라고 하면 팀원의 잘잘못을 가리고 만약에라도 발생할지 모르는 부정적인 요소의 소지를 줄이는 것이 목적이라고 생각하는 사람들이 있습니다. 이런

경우 모든 정책적 결정은 상위직책자들이 다 내리고 팀원들은 결정된 사항을 단순히 실행하기만 하면 됩니다. 1980년대 후반부터 경영 환경이 변화함에 따라 리더의 업무량이 늘고 구성원 수가 증가하면서, 본격적으로 권한에 대한 문제의식이 싹트기 시작했습니다. 리더 혼자서 너무 많은 권한을 갖고 일일이 챙기기보다는 팀원을 신뢰하고 일을 맡기는 소위 '자율책임 경영'의 방식을 택하자는 소리가 높아졌습니다.

팀원을 존중하고 육성하는 방법

팀을 성공적으로 운영하려면 팀장 혼자 잘해서는 안 됩니다. 팀원들이 자발적으로 업무를 수행하고, 문제를 해결하고, 결과를 책임질 줄 아는 성과책임 실무자로 성장해야 합니다. 팀장은 팀원을 그렇게 육성할 책임이 있습니다. 사람은 누구나 인정받고 존중받길 원합니다. 고객 접점의 실무자들이 델리게이션을 통해 자신이 하는 일에 대해 인정받고 존중받으면, 이것은 고스란히 '고객

감동' 활동으로 전이됩니다. 따라서 팀을 활성화할 수 있는 내재적 동기부여 차원에서도 델리게이션은 꼭 필요한 수단입니다. 팀장이 지니고 있는 성과창출에 대한 실행 권한을 팀원들에게 위임하면, 팀원들은 자신들에게 권한이 있다는 확신을 갖고, 잠재역량과 창의력을 최대한 발휘할 수 있습니다.

실행 권한위임과 자율책임 경영의 관계

팀원을 의사결정 과정에 참여시킨다고 해서 권한위임이 끝나는 걸까요? 아닙니다. 팀원들이 업무를 실행할 때 최선의 의사결정을 내리고, 창의적인 방법을 찾도록 각자의 역할과 책임이 무엇인지, 그리고 팀에서 자신이 담당하는 역할과 책임이 얼마나 중요한지를 인식시키는 것이 핵심입니다. 많은 학자들이 선행연구를 통해 증명했습니다.

권한위임이 잘 이루어지는 팀에서 일하는 팀원들은 개인적인 자신감뿐만 아니라 성과창출에 대한 기대가 높아진다고 합니다. 권한위임이 목표 달성을 위해 지속적으로 실행하고 고민하는 중요한 동기부여의 조건이라는 것이 여러 연구에서 증명되었습니다. 제대로 된 권한위임이 가져오는 긍정적인 효과는 다음과 같이 크게 세 가지로 나눠볼 수 있습니다.

팀원의 책임감과 자율성이 높아진다

'자율'은 어디에서 나올까요? 바로 성과창출을 위한 실행 방법에 대해 선택 권한이 있느냐 없느냐에서 비롯됩니다. 팀원이 실행 방법을 선택할 수 없으면 팀장의 의사결정에 의존할 수밖에 없습니다. 사사건건 지시나 통제를 받는 환경에서 열정을 가지고 스스로 동기부여할 수 있는 팀원은 아마 세상에 없을 것입니다. 델리게이션은 서로 협의된 기준을 놓고 그에 맞게 자율적으로 실행하는 것입니다. 정해진 원칙과 목표에 따라 현장의 구성원들이 각자 업무를 자율적으로 수행하고, 창의력을 발휘해 생산성을 극대화할 수 있는 시스템과 환경을 조성하는 것이 델리게이션의 핵심입니다. 실행 권한을 위임하면 팀원들은 일에 대한 오너십을 갖습니다. 그러한 일에 대한 오너십이야말로 자율책임 경영에 필요한 가장 핵심적인 요소입니다.

고객 접점에서 성과창출에 필요한 의사결정을 한다

팀장은 자신이 일에 대한 전문가라고 생각합니다. 업무 경험도 풍부하고 직책도 높으니 물론 전문가적 역량이 뛰어날 것입니다. 하지만 그렇다 해도 팀장이 생각하는 전략과 방법을 팀원들에게 그대로 따라 하라고 강요해서는 안 됩니다. 팀원들에게 스스로 고민할 시간을 주어야 합니다.

전통적인 리더십 스타일이 먹히던 시대는 지났습니다. 그런 방식으로는 고객을 만족시키기 어렵다는 이야기입니다. 새로운 서비스에 대한 욕구가 높아졌고, 양적으로나 질적으로나 전반적인 생활수준이 높아지고 정보에 대한 접근성이 높아지면서 고객의 기호도 고급화되었습니다. 세상이 빠르게 변해가니 기업은 더 빠르게 변신하고 적응해야만 살아남습니다.

경영 환경 역시 바뀌었습니다. 공급자 중심에서 수요자 중심으로 변함에 따라 고객 접점에서 일하는 팀원들의 역할이 더 중요해진 것입니다. 팀원들은 고객과 직접 소통할 수 있고, 고객의 욕구를 실시간으로 파악합니다. 그러니 트렌드, 즉 고객들의 최신 욕구에 관해 파악하는 것 역시 조직 내부의 그 누구보다 빠릅니다. 또한 복잡한 업무 시스템과 다양한 정보를 이해하고 분석하는 학습 능력 또한 탁월합니다. 팀장은 팀원이 어떠한 분야와 부분에서 자신보다 뛰어난 역량을 갖췄는지를 파악하고 이를 쿨하게 인정해 주어야 합니다.

팀원들의 역량이 높아지면 팀 전체의 성과도 높아진다

전통적으로 우리나라는 권한이 위에서 아래로 이양되는 것을 좋아하지 않았습니다. 자신의 권위가 떨어지거나 입지가 위태로워질까 봐 두려워하기 때문입니다. 하지만 이것은 앞에서도 말했듯이 권한을 제로섬게임으로 잘못 인식하기 때문에 생기는 우려입니다. 팀장으로부터의 권한을 위임받은 팀원들은 업무를 더 잘 수행해서 팀장이 기대하는 성과를 창출할 수 있는 전략과 방법을 강구하려고 애씁니다. 그러다 보면 자연스럽게 자신의 역량을 최대한으로 이용하게 되고, 결과적으로 팀의 성과와 역량이 향상됩니다.

  팀장 권한의 일부를 차장에게, 파트장 권한의 일부를 대리에게 나눠준다고 해서 팀장이나 파트장의 영향력이 줄어드는 것은 아닙니다. 오히려 지나치게 중앙집권적이고 모든 것이 세세하게 통제되는 조직구조 속에서는 팀이나 팀원들의 성장 곡선이 우상향으로 꾸준히 올라가기가 어렵습니다. 하지만 권한을 위임받은 팀원은 다양한 업무 상황 속에서 유연한 사고방식을 가질 수 있고, 고객 접점에서 신속한 의사결정으로 문제에 잘 대처할 수 있습니다. 델리게이션을 잘 활용하는 팀은 팀원들도 쑥쑥 성장하고, 그렇게 역량이 커진 팀원들 덕분에 팀 전체의 성과와 역량도 높아집니다.

어떤 기준으로
일을 위임해야 할까?

그렇다면 팀원들에게 어떻게 권한을 위임해야 할까요? 여기서부터 팀장의 고민이 시작됩니다. 팀장들이 통제와 위임, 신뢰와 관리 사이에서 끊임없이 갈등하며 권한 위임을 망설이는 이유가 뭘까요? 바로 무엇을 어디까지 위임해야 하는지가 분명하지 않아서입니다. 권한을 위임할 내용이 불분명하면 팀장과 팀원 모두 불안합니다. 팀장은 팀원이 제대로 이해했는지, 팀원은 어느 수준까지 일을 해내야 하는지 혼란스러워 합니다.

또한 상황에 맞게 필요할 때마다 권한을 준다고 해도

팀원들을 쫓아다니면서 말로 전달하다 보면 자꾸 실수나 잘못 같은 부정적인 부분에 초점이 맞춰집니다. 아무래도 걱정도 되고 노파심도 들어서 그럴 것입니다. 그러다 보면 자율성을 외치며 시작했지만, 뭔가 하면 할수록 일일이 간섭하는 분위기가 될 수 있습니다.

권한을 위임할 때 팀장은 팀원에게 명확한 기준만 마련해 주면 됩니다. 그 기준은 '성과목표 조감도'로 충분히 해결됩니다. 성과목표 조감도는 성과목표를 구성하는 요소를 세부목표로 다시 한 번 잘게 쪼개놓은 작은 목표들의 합입니다. 일과 마감기한이 쪼개져 있기 때문에 언제까지 어느 정도의 책임을 팀원들에게 위임할 것인지 결정하는 데 효과적입니다. 스피드가 필요한 일, 협상 스킬이 필요한 일, 문서로 정리해야 할 일 등 성과목표를 성과로 창출하기 위해 무엇을 어떻게 언제까지 해야 하는지 순서와 절차를 사전에 서로 공유하기 때문에 불안할 이유가 없습니다. 성과목표 조감도를 기준으로 책임을 위임하면 팀원의 역량을 세심하게 고려하게 되고, 그러면 성과창출 가능성 역시 높아집니다. 또한 팀장과 팀원 모두가 우리 팀이 현재 어떤 과제를 수행하고 있는지 한눈에 파악할 수 있습니다. 성과목표 조감도 자체가 대시보드 역할을 해주기 때문입니다.

세부목표별로 위임 기준을 정한다

성과목표 조감도는 성과목표가 성과로 창출되었을 때의 상태인 기대모습to be image을 조감도의 형태로 그려보는 것입니다. 목표가 달성된 상태의 세부구성요소를 구체적으로 나열해 보면, 각각의 세부구성목표들이 곧 성과목표 조감도를 이루는 하위목표가 됩니다. 이러한 세부구성목표는 난이도에 따라 고정변수목표와 변동변수목표로 나뉩니다.

고정변수목표는 그동안의 경험이나 매뉴얼, 지침과 같은 통상적인 방법으로 실행해도 원하는 성과를 창출할 수 있는 세부목표입니다. 이것을 주로 팀원들에게 위임합니다. 고정변수목표에 대한 실행 방법은 프로세스와 룰rule을 정해두되 고객의 요구에 따라 차별화된 실행 방법을 적용합니다. 변동변수목표는 기존의 방법으로는 공략하기 어려운 목표입니다. 한정된 자원과 역량을 집중해 공략해야 하고, 창의적이고 혁신적인 방법으로 실행해야 성과창출이 가능합니다. 이 때문에 해당 목표를 성과로 창출해 낼 만한 역량을 지닌 팀원에게 위임하거나 팀장이 직접 실행하는 것이 바람직합니다.

기간별로 위임 기준을 정한다

델리게이션의 기간은 팀의 기간별 목표에 따라 다르게 정해집니다. 그런데 팀원의 역량에 따라서도 달라질 수 있습니다. 혼자서 성과창출 프로세스를 자율적으로 진행할 수 있으면 팀장이 기간을 정해두지 않고 월간이나 프로젝트 단위로 스스로 실행할 수 있도록 위임합니다. 요즘은 대체로 업무 진행과 관련된 환경 변화가 심하기 때문에, 팀원이 1개월 이내의 기간을 예측하고 기획하고 계획하는 것이 효과적입니다.

팀원 각자에게 월간 단위로 책임져야 할 성과목표가

무엇인지 팀장이 사전에 명확하게 부여하고, 주간 단위의 성과목표는 스스로 수립하도록 코칭합니다. 물론 역량이 좀 부족한 팀원들은 가능하면 1주일이나 2~3일 단위로 기간을 짧게 설정하고 팀장이 자주 모니터링하는 델리게이션이 필요합니다. 역량이 미흡하더라도 팀장이 직접 일하는 과정에 개입해서는 안 됩니다. 과제와 기간은 팀장이 부여하되 목표가 달성된 상태인 성과목표 조감도는 실행자가 사전에 객관적이고 구체적으로 그려보도록 코칭합니다.

팀원이 권한을 위임받을 준비가 부족하다면?

아무리 생각해 봐도 권한을 위임할 수 없는 팀원의 경우는 어떻게 해야 할까요? 포기해서는 안 됩니다. 원인을 먼저 파악해 보고 그에 따른 해결 방안을 수립하면서 우리 팀에 맞는 방법을 고민해야 합니다. 팀에 델리게이션을 정착시킬 방법을 찾는다면, 다음과 같은 두 가지 상황을 먼저 참고해 보길 바랍니다.

권한이 없다고 불만을 토로하는 상황

팀원의 역량이 부족해서 권한위임을 미뤄왔는데 자신에게는 권한이 없다고 불만을 토로하는 상황입니다. 델리게이션이 불가능한 팀원이 권한이 없어 일을 진행하지 못하겠다고 하는 사례는 종종 있습니다. 권한만 주면 일을 잘할 수 있다고 큰소리치지만, 팀장이 보기에는 권한을 남발하거나 악용할까 봐 불안해서 쉽게 위임하기 어려운 상황입니다.

권한위임을 원하는 팀원 중에는 역량은 좀 떨어져도 열정이 충만한 경우가 많습니다. 이들에게 "자네는 아직 멀었어"라며 무시하거나 핀잔을 주어서는 안 됩니다. 또한 역량이 뛰어난 팀원과 동시에 같은 일을 줘서 스스로가 부족함을 깨닫게 하는 것 역시 바람직하지 않습니다. 그런 직접적이고 자극적인 방법은 열심히 하려는 의지를 꺾고 마음에 상처를 줄 수 있으므로 팀원과 면담을 통해 타협점을 찾아보는 것이 좋습니다.

전략 수립 내용과 발휘할 수 있는 역량을 기준으로 권한을 점차적으로 확대시키는 방법을 추천합니다. 처음에는 권한위임의 기간을 하루나 2~3일 정도로 하다가 일주일, 열흘 식으로 말입니다. 문제점만 지적하기보다는 앞으로 어떻게 하면 권한을 더 위임받을 수 있는지 로드맵을 보여주고 역량을 키울 기회를 만들어주어야 합니다.

권한을 위임받기 싫어하는 경우

역량은 있는데 권한위임받는 것을 회피하는 수동적인 팀원의 경우는 어떻게 할까요? 이들 대부분은 과거에 권한을 위임받았다가 팀장으로부터 호되게 질책을 받았거나, 큰 실수를 해서 성과창출에 실패했거나, 아니면 그냥 시키는 대로 하는 게 편해서 권한을 외면합니다. 능력과 역량이 있더라도 하려는 의지가 없는 팀원에게는 팀장 역시 위임하기가 꺼려집니다. 그러다 보면 이를 그냥 방치하는 경우도 있는데, 그 팀원은 물론이고 팀 전체에도 바람직하지 않습니다. 과제를 수행할 역량을 이미 갖춘 팀원은 실행 과정에서 전략 코칭을 통해 실수를 예방하도록 도와주어야 합니다. 실수로 인해 사기가 떨어져 있는 팀원이라면 다시 성취감을 느끼게 해주면서 일에 대한 욕심을 내도록 이끌어야 합니다.

전략과 방법을
스스로 고민하게 하라

앞에서 팀장이 성과목표 조감도를 보고 어디까지, 언제까지 책임지게 할 것인가를 결정한다고 설명했습니다. 그러고 나면 '어떻게 책임질 것인가'를 정해야 합니다. 그 '어떻게'는 바로 팀원 스스로가 고민하고 만든 인과적인 성과창출 전략과 실행 방법입니다.

델리게이션은 성과목표를 어떻게 성과로 창출할 것인지에 대해 팀원의 전략을 믿고 실행을 맡기는 것입니다. 그래서 델리게이션의 성공은 일을 통해 책임져야 할 결과물인 성과목표의 구체적인 상태인 상태적 목표와, 실행자의 인과적인 성과창출 전략과 실행 방법에 의해 좌우됩니다. 상태적 성과목표와 성과창출 전략이 판단 기준이라는 뜻입니다. 그러한 전제가 있어야 실질적으로 델리게이션이 가능해집니다. 이 때문에 팀원은 성과목표를 어떻게 성과로 창출할 것인지 구체적인 성과창출 전략과 액션플랜을 수립함으로써 실행 방법에 대한 권한을 위임받을 근거 자료를 마련해야 합니다. 이를 위해 먼저 연간이나 분기, 월간 단위로 책임져야 할 성과목표를 합의한 후에 어떻게 성과로 창출할 것인지 성과창출 전략과 실행 방법을 수립해야 합니다. 여기서 전략을 수립하는 주체는 성과를 책임지고 실무를 담당하는 팀원입니다. 팀장은 팀원이 창출해야 할 성과목표의 성과기준에 부합하는 전략과 액션플랜을 적절하게 수립했는지를 점검하고 성과코칭합니다. 전략과 방법에 대해 공감대를 형성한 다음에는 검증된 전략과 액션플랜에 대해 실무자가 자율적으로 실행할 수 있도록 상위리더가 실행 과정에 대한 실행 권한을 위임합니다.

그런데 델리게이션 했다고 해서 일이 끝날 때까지 아무것도 간섭하지 않고 마냥 내버려두어도 괜찮다는 의미는 아닙니다. 주간 단위 목표나 롤링플랜에 따라 성과코칭을 해야 합니다. 팀장은 마치 헬리콥터를 타고 지상을 내려다보듯 전체적인 진행 과정을 모니터링합니다. 팀원이 전략을 실행하는 과정에서 고객과 현장 상황에 맞게 계획을 유연하게 수정하고 적용하고 있는지 살피고, 만약 그렇지 못하면 그 부분을 성과코칭해야 합니다.

필요한 자원과 정보를 제공한다

팀원에게 목표만 던져놓고 나 몰라라 하는 것은 반쪽짜리 팀장입니다. 성공적인 델리게이션을 좌우하는 중요 요소는 업무를 실행하는 팀원에게 적정한 자원과 정보를 제공하는 것입니다. 팀원들이 업무를 실행하기 위해 필요한 것, 의사결정을 하기 전에 고민하는 이슈 등에 대해 생각을 묻고 팀장으로서 지원할 수 있는 것은 해결해 주어야 합니다. 필요한 자원과 정보가 준비되어야 팀원은 전략과 실행 계획을 수행하고 결과적으로 스스로 성과창출의 주체가 될 수 있기 때문입니다.

팀원들은 늘 기대한 것에 비해 부족한 시간과 예산, 정보를 제공받습니다. 이로 인해 한정된 자원으로 최대한 선택과 집중의 묘리를 살려 성과를 창출해 내야만 합니다. 성과창출의 가능성은 성과목표의 구체성과 성과창출 전략과 실행 계획의 인과성에 의해 결정됩니다. 한정된 시간과 자원을 성과창출을 위한 실행 행위에 집중적으로 배분해야 한다는 의미입니다.

팀장의 과제는 '전체와 미래'를 보는 것

팀장은 팀원들이 해야 할 일과 목표가 무엇인지 의사결정해 주는 사람은 맞지만, 목표를 성과로 창출하기 위해 무엇을 어떻게 해야 하는지 구체적인 방법과 절차, 일정까지 일일이 결정해 주는 작업반장이 아닙니다. 팀장이 바쁜 이유는 여러 가지가 있는데, 실무자가 해야 할 일을 대신해 주느라 바쁜 경우가 의외로 많습니다. 불만을 토로하는 팀원들은 늘어가고 업무성과도 기대한 것처럼 오르지 않으니 답답합니다. 그러니 업무를 잘 아는 팀장이 자꾸만 일을 직접 처리하려고 하는 것입니다. 성과를 빨리 내고 싶고, 결과를 눈으로 봐야 속이 시원하기 때문입니다. 그러나 언제까지 이러한 방법으로 팀이나 조직을 운영할 수는 없습니다. 그런 조직에서는 누구도 제대로 성장할 수 없으니까요. 리더십이란 '정해진 기간 내에 상대방으로 하여금 리더가 원하는 성과를 창출하게 하는 역량'입니다.

팀장은 성과목표를 통해 책임감을 심어주고
성과코칭을 통해 자신감을 불어넣는
'고도의 동기부여 메커니즘'을 익혀야 합니다.

팀장이 실무자의 일을 대신해 주느라 바빠지면 전체와 미래를 보지 못하게 됩니다. 팀장은 성과목표와 성과창출 전략을 검증하고 감리하느라 바빠야지, 실무자가 해야 할 일의 방법, 절차, 일정을 대신 고민하느라 바쁘면 안 됩니다. 팀장으로서의 역할과 책임을 감당하지 못하는 것입니다. 직무유기인 셈입니다.

팀장은 팀원을 대신해 고민하는 사람이 아니라 팀원

스스로 고민하게 만드는 사람입니다. 팀원이 전략과 방법을 고민하는 게 습관화되어 있지 않으면 업무처리 방법이나 계획에 대해서 동료나 팀장에게 의존하려고만 하고, 문제가 발생했을 때도 소극적으로 대처하기 쉽습니다. 팀장이 팀원에게 위임하는 것은 권한만이 아닙니다. 공식적인 책임 외에도 팀원에 대한 신뢰와 성장할 기회가 함께 전달되는 것입니다.

팀원의 창의성은
자율성에서 발현한다

창의성creativity은 민감성, 유창성, 독창성, 유연성, 치밀성 등 여러 인자로 구성됩니다. 이 모든 요소들이 적절한 동기에 자극받으면 창의적 사고와 연상 작용을 통해 새롭고 독창적이며 유익한 것이 산출됩니다. 이 과정을 모두 창의성이라고 부르며, 독창적이고 차별화된 아이디어를 제안하는 역량을 의미합니다. 조직의 창의성이 높다는 것은 새롭고 유익한 아이디어를 발현할 역량이 높다는 것을 의미하며, 변화와 혁신의 전제조건으로도 여겨집니다.

탈산업사회, 지식 기반 정보화 사회가 심화되면서 이미 AI시대에 접어들었습니다. 기업들은 성장과 생존을 위해 좀 더 창의적인 인재를 영입하려고 애쓰고, 재직 중인 구성원들에게도 창의성을 높이라고 요구합니다. 기업의 창의성은 곧 구성원들의 창의성과 직결되기 때문입니다. 오늘날 경영 환경이 점점 더 복잡해지고, 고객 지향적이고, 다양성이 커지고, 직무가 전문화되어 가다 보니 기업은 다양한 경영의 문제들에 직면했을 때 기존과 다른 방식을 찾아야만 합니다. 기존의 방식으로는 해결이 제대로 안 되기 때문입니다. 완전히 새롭게, 전혀 다르게 접근하는 문제 해결 방법이 절실해지면서 조직은 구성원들의 창의성을 향상시키는 데 더욱 큰 관심을 갖게 되었습니다.

그런데 문제는 겉으로는 창의성을 키우고자 하지만, 실제로 현장에서 팀원들은 창의력을 발휘하기 어려운 환경에 놓여 있다는 것입니다. 무엇보다도 '권력'이라는 이름으로 아이디어를 생각해 내거나 제안하는 통로가 막혀 있고, 좋은 아이디어가 있다 하더라도 실현시키기 어렵습니다. 조직 내부의 위계질서는 자유로운 의견 공유를 방해하고 발전적인 토론도 제한해 버립니다.

그리고 팀장이 업무 진행 과정에 대한 모든 의사결정권을 갖고 일의 시작과 진행을 지휘하는 구조이다 보니 팀원들은 창의적인 아이디어를 생각해 내기보다 팀장이 긴급히 요청하는 업무 위주로 움직여야 합니다. 시간과 일정에 대한 자율권 역시 상황에 따라 달라지니 자발적으로 더 좋은 방법을 고민하거나 제안하기 어렵습니다.

이런 점은 사무실 책상 배치만 봐도 여실히 드러납니다. 여전히 많은 사무실이 팀장이 팀원들의 업무 활동을 관리하고 통제하기에 편리하도록 배치되어 있습니다. 그러한 물리적인 공간 속에서 팀원들의 자율성과 창의성이 어떻게 자라나고 발휘될 수 있을까요?

왜 팀장이 아닌, 팀원의 자율성인가?

팀장에게만 자율권이 보장되면 팀은 경직됩니다. 수직적인 조직구조, 통제적인 조직문화 속에서는 임원들이나 팀장들에게 대부분의 의사결정권이 집중됩니다.

그럴수록 팀원들의 창의성은 기대하기 어렵습니다. 팀의 성과목표를 성과로 창출해 내기 위해 창의적으로 아이디어를 내고 실행해야 할 주체는 고객 접점에 있는 현장의 실무자들입니다. 기업이 그토록 외쳐대는 '창의적인 인재'는 팀장이라기보다는 팀원이어야 합니다. 팀의 창의성을 향상시키고 다양한 전략과 실행 방법이 실현되려면, 성과를 창출해 내기 위한 방법의 선택권이 팀원에게 보장되어야 합니다.

사람은 누구나 자기결정욕구를 갖고 있습니다. 타인이나 외부 요인이 아닌 스스로 선택하고자 하는 욕구를 말합니다. 그래서 행동의 원인이 자신에게 있고, 크든 작든 결정권을 가지고 환경을 통제할 수 있을 때, 자발적으로 참여하고자 하는 마음이 있을 때, 능동적으로 무언가를 하려는 의지가 더욱 강해집니다. 반대로 시키는 일만 하면 의욕이 떨어지고 발전도 어렵습니다. 도전적인 일을 맡아서 자신이 머릿속으로만 알고 있는 일을 실제 상황에 적용해 볼 기회를 가지면 그 이후에도 계속 책임감 있게 일할 수 있습니다. 실무자인 팀원에게 일에 대한 오너십을 주면 분명 생산성이 높아지고 더 나은 결과물이 나올 수 있습니다.

고객 중심의 경영 환경에서 기업은 과거와 다른 차별화된 경쟁력을 확보해야 합니다. 그러기 위해서는 성과창출의 주체인 팀원들의 역량이 절대적으로 중요합니다. 팀원의 역량을 높이는 첫 단추가 실행에 대한 자율권입니다. 팀원들에게 성과창출의 실행 주체자로서 일에 대한 오너십을 심어주고, 성과창출에 필요한 적절한 권한을 위임해 주어야 합니다. 자율권이 보장되면 누구나 주도적으로, 주체적으로 일하게 됩니다. 그런 환경에서 일한다면 몸은 고되더라도 마음만은 즐겁습니다.

상사형 팀장의 습관을 버린다

팀원들이 자율적으로 일하는 것을 싫어하는 팀장은 없습니다. 팀원의 자율성이 팀의 성과창출에 매우 큰 영향을 미친다는 사실도 모르지는 않을 것입니다. 그런데 왜 팀원에게 자율권을 주기를 망설일까요? 팀장 자신에게 내재된 '변화에 대한 저항' 때문은 아닐까요? 어쩌면 팀원들에게 자율권을 부여했을 때 발생할 수 있는 부작용이나 위험을 기피하고자 하는 마음도 있을 것입니다. 그러다 보니 자신이 원래 해왔던 익숙하고 안정적인 방식대로 일하고 팀원들도 그렇게 일했으면 하는 바람에 사사건건 지시하고 통제합니다. 그리고 자율권을 주면 팀원들이 나태해져 일을 열심히 하지 않을 것이라고 걱정하기도 합니다. 이러한 오해와 불신은 일방적으로 통제하고 감독하려는 잘못된 '상사형 팀장'의 습관일 뿐입니다.

팀원이 충족해야 하는 일의 결과물에 대한 기준을 정확히 제시해 주되, 실제 수행 방법에 대해 통제해선 안 됩니다. 기대하는 결과물, 권한의 범위, 실행 기간, 협업 가능한 팀원, 창출해 내야 할 결과물, 지원 가능한 자원 등을 사전에 명확하게 공유하고, 업무 방법이나 절차를 결정하는 선택권을 해당 팀원에게 주어야 합니다. 그러면 팀원이 일에 대한 오너십을 가지고 업무 진행의 주체가 됩니다. 그리고 명심해야 할 점이 하나 더 있습니다. 팀장이 일상적으로 말하고 지시하는 태도와 방식이 팀원들의 감정에 커다란 영향을 준다는 것입니다. 사소한 말이나 행동을 포함한 팀장의 일상적 관리 관행이 조직의 창의성과 성과를 해칠 수 있습니다. 인상 쓰고, 한숨 쉬고, 귀찮아하고, 다 들리게 혼잣말로 누군가를 험담하는 등 팀장의 일거수일투족이 팀원들의 감정과 근로 욕구에 영향을 미쳐 고스란히 그날 업무에 반영됩니다.

조직은 역할과 책임을 바탕으로 상호간의 커뮤니케이션에 신뢰가 있어야 제대로 굴러갑니다. 이 과정에서 반드시 갖춰야 할 조건은 '인정'과 '존중'입니다. 팀은 다양한 능력과 역량을 가진 사람들이 공동의 목표를 성과로 창출하기 위해 모인 조직입니다. 수직적인 위계질서와 계급, 서열이 아닌 차별화된 역할과 책임이 모든 소통의 핵심이 되어야 합니다. 서로의 역할과 책임을 존중해 주고, 팀원 각자가 자신의 몫을 다하기 위해 자발적이고 자율적으로 최선의 노력을 다할 때에야 비로소 원하는 성과를 지속적으로 창출하는 팀으로 성장할 수 있습니다.

기간별로 역할과 책임을 명확하게 부여하고
성과코칭하고 권한위임하고
성과평가하고 난 후 피드백하는 것이
팀장의 핵심적인 역할입니다.

팀원들이 책임감을 가지고 열심히 일할 수 있도록
팀장이 명확한 성과목표를 사전에 합의해 주고
인과적인 성과창출전략과 실행 방법을 성과코칭하고
실행 행위에 대해서는 자율성을 부여하는 것이 중요합니다.

Performance evaluation and Feedback

성과평가와 피드백

5

앞으로 무엇을 개선할 것인가?

우리는 회사와
무엇을 거래하고 있을까?

직장의 본질은 무엇일까요? 단순하게 말하면 일을 하고, 일한 대가인 월급을 받는 곳입니다. 어떤 사람은 자신이 추구하는 가치를 실현하는 곳이라고도 말합니다. 이처럼 사람마다 직장에 대한 생각은 다 다릅니다. 본질적으로 직장은 '이익 추구'나 '자아실현'이라는 명확한 목적을 가진 2차 집단입니다. 그 목적을 이루기 위해 직장은 구성원들의 능력, 역량, 시간을 제공받고 경제적 보수를 대가로 줍니다. 직장은 직장인을 필요로 하고, 직장인도 직장을 필요로 합니다.

그래서 직장은 서로가 필요에 의해 만나게 된, 일의 성과와 경제적 대가인 임금을 거래하는 시장입니다. 다시 말해 직장의 본질은 거래가 이뤄지는 시장이라는 의미입니다.

그렇다면 직장이 갖춰야 할 주요 거래 조건은 무엇일까요? 상대적으로 경쟁력 있는 연봉 기준과 고객에 대한 기여가치, 미래에 대한 비전, 합리적으로 일하는 분위기, 성장 가능성, 인정받고 존중받을 수 있는 조직문화 등이 있습니다. 반대로 직장인이 갖춰야 할 거래 조건은 무엇일까요? 직장이 원하는 인재상과 핵심가치 실현, 기간별 성과창출, 역량과 능력 개발, 그리고 직장이 세상에 기여하고자 하는 미션과 비전의 지속적인 실현입니다.

일과 대가를 거래하는 시장

직장에서는 시장에서와 마찬가지로 '거래'가 이루어집니다. 이력서와 면접을 통해 여러분이 가진 능력과 역량을 보여주면 직장은 자신들이 원하는 미래의 인재상에 부합하는지 따져보고, 여러분이 제공하게 될 성과를 기대하며 채용합니다. 채용이 되면 '일'이라는 매개체를 통해 서로 거래를 이어나갑니다.

직장에서 일을 한다는 것은 직장인 입장에서는 일에 대한 대가로 임금이나 승진 등과 같은 가치 대가를 얻는 것이고, 직장 입장에서는 지불한 대가만큼 일의 성과를 얻는 것입니다. 즉, 직장은 직장인의 고객이 되고, 직장인은 직장의 고객이 되어 지속적으로 서로의 가치를 추구하며 교환하고 공생합니다. 딱딱하게 이야기했지만, 이게 우리가 하고 있는 직장생활의 본질입니다.

그런데 여기서 중요한 점은 고객이 상품에 만족해야 거래가 성립되고 지속된다는 점입니다. 거래 관계에서 고객의 구매 행동을 유도하기 위한 가장 기본적이고 중요한 조건은 '상품'입니다. 상품 자체가 만족스러워야 고객은 대가를 지불하고 상품을 구입합니다. 만약 누군가가 사고 싶지 않은 상품을 사라고 강요한다면 그 거래는 성립될 수 없습니다.

직장에서 구성원들이 만든 업무의 결과물은 리더 혹

은 직장과 거래할 상품이 됩니다. 그런데 구성원의 상품이 리더를 만족시키지 못할 수도 있습니다. 때로는 그 상품이 리더가 원하던 결과물이 아닐 수도 있습니다. 원칙대로라면 리더가 거래하고 싶지 않은 상품은 사지 않아도 그만입니다. 한편 어떤 구성원들은 야근도 마다하지 않고 정성껏 작성한 기획서니까 리더에게 무조건 구매해 달라고 강요하기도 합니다. 그런데도 리더가 수용해 주지 않으면 자신의 노력을 알아주지 않는 리더를 원망하기도 합니다.

만약 구성원 각자가 직장에서 보내는 시간 동안 약속한 상품을 만들어내지 못한다면, 누군가에게 피해를 줄 수 있습니다. 당사자 대신 동료가 그 일을 해야 하기 때문입니다. 직장은 다시 새로운 결과물을 기다리는 동안 금전적인 손실을 볼 수도 있습니다. 담당자가 직장과 거래하기로 했던 상품을 제대로 만들어내지 못하는 것은 거래 약속을 어기는 것과도 같습니다. 가혹하게 말해 자신이 제공받은 월급만큼 업무 결과물이라는 상품을 산출해 내지 못한다면 직장에 빚을 지는 셈입니다. 식당이 음식 값을 미리 받고 음식을 제공하지 못한 것과 같습니다.

직장은 원하는 것이 분명합니다. 직장은 직장인들에게 정해진 기간 내에 최소한의 비용으로 최대한의 성과를 창출해 주기를 원합니다. 즉, 창출하기로 했던 성과를 약속한 기간 내에 창출해 내고 조직의 성과에 기여하는 구성원을 원합니다. 이 때문에 근무 시간 동안 맡겨진 일을 완수하여 결과물을 만들어내고 직장에 기여하는 것은 직장인의 당연한 의무입니다. 그리고 그 일을 실행할 책임도, 결과에 대한 평가와 보상을 받아들이는 것도 우리 자신의 몫입니다.

직장은 자신이 제공한 임금에 걸맞게 직장인들이 제대로 일을 하는지 기간별, 과제별로 성과를 평가하고, 인사평가 시스템을 통해 요구하는 능력을 갖추고 역량을 발휘하고 있는지를 매년 평가하고 피드백합니다. 그리고 몇 년마다 한 번씩 승진 시기에 맞춰 직장이 요구하는 인재상에 얼마나 부합하는지를 평가해 승진 여부를 결정하기도 합니다. '승진심사'라는 것은 직장과 직장인이 향후에도 관계를 지속할 것인가, 그만할 것인가를 결정하는 중요한 판단 이벤트입니다.

평가의 목적, 인재 선별과 가치 측정

그렇다면 일을 하고 나서 왜 '평가'해야 할까요? 대개 직장에서는 제도를 통해 연간 혹은 반기 단위로 인사평가를 시행합니다. 예전에는 근무평정이나 인사고과라고 해서 평가 대상자의 근무 태도나 직무수행능력, 조직이 원하는 인재상이나 핵심가치를 행동으로 실현하고 있는지를 평가해 승진의 기준으로 활용했습니다.

하지만 2000년대 이후부터 많은 기업들이 인사평가 기법을 도입하기 시작했습니다. 태도나 능력보다는 역할 수행에 대한 역량평가와 책임 완수에 대한 성과평가를 실시하게 되었습니다. 이렇게 많은 시간과 에너지를 투입해 리더와 구성원들의 성과와 역량을 평가하고자 하는 데는 크게 두 가지 목적이 있습니다.

첫 번째는 조직의 인재상과 핵심가치의 기준에 적합한 인재를 걸러내어 육성하고자 하는 목적입니다. 두 번째는 정해진 기간 내에 역할과 책임을 제대로 실행하여 얼마나 많은 가치를 창출해 냈는지 측정하기 위해서입니다.

첫 번째 목적인 인재 분류와 육성을 위해 많은 기업들이 승진 심사 프로세스를 진행합니다. 직위별 체류 기간 동안 상위리더로부터 평가받은 내용을 바탕으로 종합적인 평가를 합니다. 조직에서 연간 혹은 반기 단위로 실시하는 인사평가 역시 역할과 책임에 대한 역량평가와 성과평가를 주로 합니다.

최근에는 성과평가 트렌드가 바뀌었습니다. 경영 환경이 워낙 불확실해졌기 때문에 연초나 반기초에 평가 기준을 정하기보다는, 전사 차원이나 본부 차원에서 연간 혹은 반기 단위로 수치 성과목표를 설정하고, 팀이나 개인들은 분기나 월간 단위, 과제나 프로젝트 단위로 리얼타임평가, 즉 상시평가를 하는 경우가 많아지고 있습니다.

구성원들이 평가를 신뢰하지 못하는 5가지 이유

그런데 이러한 평가를 마치고 나면 구성원들이 그 결과에 대해 완전히 수용하거나 신뢰하지 못하는 게 현실입니다. 여러분도 그런 경험이 있을 것입니다. 대표적으로 다섯 가지 이유를 생각해 볼 수 있습니다.

세부적인 기준이 없거나 평가 대상자가 모르는 경우

구성원들이 평가를 신뢰할 수 없게 된 가장 근본적인 원인이 무엇일까요? 평가자와 평가 대상자 간에 사전 합의된 평가 기준이 불명확하거나 아예 없는 경우가 많기 때문입니다. 대부분의 조직에서 팀원들에게 과제를 부여할 때 그 일의 배경이나 목적 그리고 일을 시킨 사람이 원하는 결과물의 기준인 성과목표를 상세하게 설명해 주는 경우가 매우 드뭅니다. 일단 실행하는 사람에게 알아서 해보라고 합니다. 하고 나서 결과물을 가져오면 그것을 보고 판단하겠다는 것입니다. 그러나 일을 하기 전에 구체적인 평가 기준을 미리 정해놓지 않으면 결과물에 대해 서로 다른 판단을 내릴 가능성이 커집니다. 리더가 주관적으로 평가할 가능성이 크고, 그렇게 되면 일을 실행한 사람은 억울해질 수 있습니다. 성과평가나 역량평가를 실시할 때도 마찬가지입니다. 성과평가든 역량평가든 평가를 제대로 하려면 평가 항목, 배경, 기준, 수준에 대해 평가 대상자가 충분히 납득할 수 있도록 설명해 주어야 합니다. 그래야만 일관성consistency 있고 신뢰성 높은 평가를 할 수 있습니다.

실제로 많은 팀장들이 평가 항목이나 기준을 자세하게 정해놓고 평가하기보다는 평가 대상자가 지난 1년 동안 거둔 실적 중에서 자신이 잘했다고 생각하는 업적들을 서술한 것을 보고 평가합니다. 흔히 '업적평가'라고 불리는 방법입니다. 평가자는 평가 대상자의 업적평가 자료를 취합하여 대상자별로 몇 점을 줘야 하는지를 정하고 난 후, 순위나 등급을 정하는 경우가 대부분입니다. 이러한 상대평가, 사후평가 관행이 조직에 뿌리내린 것입니다. 이 때문에 평가 대상자들은 평가 결과에 대해 신뢰하지도 않을뿐더러 재심을 요청하지도 않습니다. 재심을 신청해도 나아질 것이 없다고 생각하기 때문입니다. 더 큰 문제는 대부분의 구성원들이 이러한 형식적이고 불공정한 평가를 '신경 쓰고 싶지 않다', '될 대로 되라'는 식으로 여긴다는 것입니다.

평가자의 주관적인 오류

나름대로 만족할 만한 성과를 냈는데도 평가 대상자가 평가 제도를 썩 달가워하지 않는 경우도 있습니다. 왜 그럴까요? 평가 권한이 팀장이나 임원에게만 한정되어 있기 때문입니다. 평가하는 사람과 평가를 받는 사람이 각자 주관적인 기준으로 평가를 하면 아무리 공정하게 평가하더라도 그 결과를 놓고 서로 갈등하기 마련입니다.

평가 기준 자체가 애매모호하거나 결과를 객관적으로 측정하기 어려운 경우, 평가자도 사람이기 때문에 주관적인 생각이 개입되기 마련입니다. 반대로 평가에 대한 객관적인 기준이 있다 하더라도 평가자의 주관적인 의견이 결과에 반영되는 평가자 중심의 평가 제도하에서는 공정한 평가가 이루어질 확률이 낮습니다. 평가자인 팀장이 지나치게 많은 주도권을 가지면, 팀장이 총애하는 일부 팀원을 기준으로 삼고 다른 팀원들을 비교하여 서열을 매길 수도 있고, 평가 시점에 가까운 최근의 성과만 중시할 수도 있습니다. 어떤 경우는 평가 결과에 대한 팀원들의 이의제기나 반발이 두려워서 혹은 평가할 근거가 부족하거나 불확실해서 모든 팀원에게 관대하게 비슷한 점수를 주기도 합니다. 평가자가 의도적으로 점수를 조정하는 것입니다.

이와 같은 평가자의 주관적인 오류가 발생하는 원인은 또 있습니다. 평가 제도의 구조적인 문제입니다. 특히 제도적인 부분이 허술할수록 평가자의 주관적 의견이 개입되기 쉬워집니다. 평가 기준에 대한 가이드라인이 구체적이지 않을수록 평가자 나름의 경험과 지식에 입각한 주관적인 평가가 이루어집니다. 이러한 평가가 반복되다 보면 평가자는 절대 권력을 지닌 '심판자judge'가 됩니다. 운동 경기를 하는데 심판만 규칙을 알고 선수들은 모르는 셈입니다. 그런 상황에서 최선을 다해 열심히 뛰는 선수가 있을까요?

역량이 아닌 능력을 평가하는 구식 평가 기준

일반적인 조직에서 시행하는 평가와 보상 제도에는 몇 가지 특징이 있습니다. 대표적으로 업무 수행을 위한 경험이나 지식, 스킬 같은 능력을 갖추면 조직에서 일을 잘 할 것이라고 믿고 '태도와 능력'을 평가 항목으로 측정하는 것입니다. 그리고 단기적인 재무성과 향상을 지원하기 위해 '효율과 통제 위주'로 인력을 관리한다는 특징도 있습니다. 역할과 책임을 바탕으로 팀워크를 통해 새로운 가치를 만들어가기보다는 '상대평가에 기반한 금전적 보상 차별화'로 조직 내에 경쟁심과 긴장감을 고조시키는 것입니다.

평가의 목적은 단기적이든 장기적이든 성과창출입니다. 일을 하는 목적도 마찬가지입니다. 정해진 기간 동안 한정된 자원을 성과창출을 위한 인과적인 전략과 방법에 우선적으로 배분해서 원하는 성과를 창출하는 것입니다. 평가도 마찬가지로 정해진 기간 내에 한정된 능력을 바탕으로 부여받은 역할에서 역량을 발휘하여 얼마나 성과를 창출했는가에 초점이 맞춰져야 합니다. 그런데도 많은 기업들은 여전히 전통적으로 해왔던 방식, 즉 사람에 대한 자질과 능력을 인사고과하는 데 머물러 있습니다. 그러다 보니 조직의 성과와 인과관계가 부족하거나 애매한 업적을 기준으로 업무 결과를 평가하고 보상과 연계시키며, 거기서 발생하는 문제점을 제대로 인식하지 못하고 있습니다.

실무자가 실행 방법을 선택할 권한이 없는 경우

성과를 창출하기 위해 성과창출 전략을 수립하고 실행 행위를 해야 할 사람들은 실무자입니다. 그런데도 실행 방법을 선택할 수 있는 권한이 실무자에게 별로 없습니다. 결재 제도나 위임전결 규정이 상위리더 중심이고, 대부분의 의사결정권이 최고 경영층이나 임원 이상의 직책 수행자에게 집중되어 있기 때문입니다. 이러한 구조적인 여건 속에서 평가 대상자가 신속하게 의사결정하고 주도적으로 문제 해결을 할 수 있을까요? 일에 대한 오너십을 갖고 자율적으로, 열정적으로 일하라고 주문하는 것도 어렵습니다.

더 큰 문제는 팀원이 선택한 실행 방법이 아니라 리더가 지시한 대로 실행했을 뿐인데도 해당 업무의 결과나 특정 행위에 대해 업무 분장상 그 일을 진행한 팀원이 평가를 받아야 한다는 사실입니다. 아무리 노력해도 팀원 자신이 통제할 수 없는 상황인데도 말입니다. 자신이 한 일에 대해 자신이 책임지고 평가받는 것은 당연합니다. 그러나 실행 방법이나 과정에 대해 선택 권한도 없고 의사결정 권한도 없는 팀원이 실행 결과에 대해 주체적으로 책임질 수는 없습니다. 그러니 당연히 평가 결과에 대해서도 동의하거나 납득할 수가 없습니다.

사후 평가여서 '일 따로, 평가 따로'인 경우

대부분의 조직에서 운영하는 평가지표 중에서 일을 실행하고 완료해 봐야만 그 측정 가능성을 알 수 있는 지표가 제법 있습니다. 그러한 업무를 직접 실행하는 실무자에게는 업무 수행의 방향을 명확하게 제시해 주지 않기 때문에 '일 따로, 평가 따로'가 될 가능성이 높습니다. 대표적인 지표가 '만족도'입니다. 조사하고 나서야 결과를 알 수 있는 고객 만족도나 경영진 만족도, 현업 만족도, 과제 수행 만족도, 노사 협력 만족도와 같은 사후 평가지표들은 실무자가 어떤 기준에 맞춰 일해야 하는지 실행하기 전에 제대로 알려주지 못합니다. 이런 경우 업무 결과에 대해 측정하고 평가할 수는 있겠지만, 책임은 물을 수 없습니다. 일하기 전에 어떤 전략과 방법으로 어떻게 일해야 할지 그리고 그 결과는 어떠할지, 자신이 어떠한 평가를 받게 될지 예측하기가 어렵기 때문입니다. 그저 경험과 지식을 바탕으로 추측해서 최선을 다하고, 좋은 평가를 바랄 수밖에 없는 통제 불가능한 상황을 공정하다고 느낄 실무자는 아무도 없습니다.

일상적인 리얼타임 과정성과평가가 더 중요하다

일에 대한 평가는 '역할과 책임에 대한 가치'를 평가하는 것이기 때문에, 달성된 결과물에 대한 기준 대비 달성 가치에 초점을 맞춰야 합니다. 즉, '목표 대비 성과'를 평가해야 합니다. 평가의 본질은 역할과 책임에 대한 기여도를 측정하고, 자원의 전략적 배분의 효과성을 가치 중심으로 측정하는 것입니다.

여기서 말하는 평가는 우리가 통상적으로 말하는 인사평가의 성과평가와는 다릅니다. 인사평가의 성과평가는 연간이나 반기 등 기간별 목표달성에 대한 평가라면, 일하기 전에 성과목표를 설정하고 일이 끝나고 나서 애초에 설정한 목표 기준대로 성과가 창출되었는지를 평가하는 것은 업무수행평가의 성격이 짙습니다.

일의 결과물에 대한 업무수행평가는 성과평가와 전략평가로 나뉘는데, 성과평가는 성과목표에 대비해 창출된 성과를 평가하는 것입니다. 전략평가는 원하는 성과를 창출하는 데 애초에 수립한 전략이 얼마나 인과적으로 작용했는가를 검증하는 작업입니다.

전략평가를 해보면 처음 수립한 전략과 실제로 실행한 전략 사이에 큰 차이가 있다는 것을 알 수 있습니다. 그 이유가 외부 환경 요소 때문인지, 내부 역량 요소 때문인지, 아니면 전략 대상을 잘못 선정해서인지를 먼저 구체적으로 분석해야 합니다. 그 후에 실제 실행한 전략과 창출된 성과 사이에 결정적인 인과관계가 어떻게 작용했는지를 분석합니다. 원하는 성과와 성과창출 전략 사이의 인과관계를 분석해 보면 전략 수립의 타당성을 알 수 있고 투입 자원의 적정성을 판단할 수 있습니다.

평가의 궁극적인 목적은 세 가지입니다.

첫째는 자원 투입의 적정성 검증,

둘째는 리스크 예방의 효과성 검증,

셋째는 역할과 책임 분담의 적정성 검증입니다.

기간별이든 과제별이든 일을 시작하기 전에 목표를 명확하게 설정하고, 일이 끝난 다음에 성과를 평가하고 피드백하는 것은 팀장과 팀원이 해야 할 기본 중의 기본 일과입니다.

일을 마친 후에 일의 성과와 일한 사람의 능력, 역량에 대해 평가하고 피드백하는 것은 어찌 보면 당연합니다. 그렇다면 일이 끝나는 시기를 언제로 봐야 할까요? 이것 역시 두 가지로 나눌 수 있습니다. 과제나 프로젝트를 완료했을 때와 일일, 주간, 월간, 분기, 반기, 연간과 같이 기간별로 과정 결과물을 완료했을 때입니다. 성과평가를 하려면 최종성과와 과정성과를 구분해야 합니다. 대개 일을 시작하면 주간, 월간 단위로 일이 완료되는 경우는 거의 없습니다. 정해진 전체 기간에 걸쳐서 일이 완료되는 경우가 대부분입니다. 일이 시작되면 주간, 월간, 분기 단위별로 최종성과가 창출되지 않고 업무수행 기간 중간에 최종성과가 창출되는 경우가 많다는 뜻입니다.

대부분의 팀장들은 일이 완료된 후의 최종성과만 평가하려고 하지 중간 과정에 대한 기간별 과정평가는 중요하게 생각하지 않습니다. 중간과정에 대해서는 진행률이나 진척도 정도만 체크하고 일이 끝났을 때 평가하려고 합니다. 또한 반기 단위나 연간 단위의 평가만 생각할 뿐 분기, 월간, 주간 단위의 과제가 완료되었을 때와 해당 과제의 과정성과에 대한 평가와 피드백을 해야 한다는 생각도 별로 하지 않습니다.

왜 팀장들은 팀원들에게 일을 시키고 나서 일의 성과에 대해, 그리고 일한 사람의 능력과 역량에 대해 제대로, 제때 평가하고 피드백하지 않을까요?

평가하는 방식은 성과평가와 결과평가, 즉 육성형育成型 평가와 사정형査定型 평가로 구분할 수 있습니다. 성과평가 방식은 목표와 성과를 비교하여 객관적으로 평가하는 방식이고, 결과평가 방식은 일의 결과만 가지고 평가하는 방식입니다. 육성형 평가는 일하기 전에 목표를 기준으로 제시하고, 일을 마치고 나서는 얼마나 약속한 기준에 부합했는지 인과적인 과정에 대해 평가합니다. 반면 사정형 평가는 평가 시점의 상태에 대해서만 평가합니다. 일명 시점평가 방식입니다.

여기서 '제대로' 평가하는 방식은 성과평가와 육성형 평가 방식이며, '제때' 평가하는 방식은 기간별 과정평가와 일이 완료되었을 때의 최종평가입니다. 제대로, 제때 평가하고 피드백하기 위해서는 일을 시작하기 전에 최종성과에 대해 그리고 과정 기간별로 각각 성과목표와 인과적인 성과창출 전략을 설정하고 수립해야 합니다. 대부분의 팀장들은 최종성과나 연간, 반기 단위로는 성과목표를 수치화해서 설정하려고 노력하지만, 분기, 월간, 주간 단위 과정성과물에 대해서는 객관화된 성과목표와 성과창출 전략을 수립하지 않고 수립할 필요성도 느끼지 못하고 있는 것이 현실입니다.

공정한 성과평가를 위한 전제조건

일할 마음이 식었거나 사표를 내는 사람들을 분석해보면 근무 여건이나 조직 분위기, 인간관계 때문인 경우도 있지만 가장 결정적인 것은 자신이 한 일에 대해 공정한 평가와 피드백을 제대로 받지 못했다는 이유 때문입니다. 그래서 팀장은 팀원들에 대한 성과평가와 역량평가, 능력평가가 제대로 실행되고 있는지 점검하고, 잘못된 부분이 있다면 즉각 개선해 주어야 합니다. 그러나 대부분의 중간관리자인 팀장들이 자신이 책임지고 있는 팀원들의 평가와 피드백을 제대로 하지 못하거나 방치하고 있는 것이 현실입니다. 이러한 근본적인 문제를 자각하지 못한 채 엉뚱하게 팀원들의 마인드나 태도가 나쁘다거나 역량이 부족하다고 훈계만 하니 불평불만이 쌓여가는 것입니다.

업무 결과에 대해 제대로 평가하려면 기준 공정성과 절차 공정성이라는 두 가지를 반드시 기억해야 합니다.

기준 공정성

일을 시작하기 전에 일을 시키는 사람과 수행하는 사람이 기대하는 결과물에 대한 구체적인 기준을 합의해야 합니다. 그리고 일이 끝나고 난 후에는 결과에 대해 평가자가 주관대로 평가하는 것이 아니라 사전에 합의한 기준대로 객관적인 평가를 해야 합니다. 이것이 '기준 공정성'의 핵심입니다.

절차 공정성

성과목표와 성과창출 전략을 매개로 권한위임이 이루어져야 합니다. 수치 목표나 과제, 완료 일정에 대해 합의한 후 실행 과정은 알아서 하고 결과만 책임지라고 하는 것은 일종의 방임입니다. 또한 일의 결과에 대한 책임을 묻겠다고 하면서 실행 과정에 일일이 개입하는 것 역시 일의 결과에 대해 책임을 물을 수 없는 결정적인 이유입니다. 권한위임, 특히 델리게이션은 '절차 공정성'의 핵심입니다.

다시 말해 일하기 전에 책임져야 할 성과목표 기준에 대해 사전 합의하고, 성과목표를 성과로 창출하기 위한 성과창출 전략과 실행 방법은 결과에 대해 책임져야 할 사람이 먼저 고민해서 의견을 제시해야 합니다. 평가할 팀장이 성과코칭을 하고, 실행 행위에 대해서는 책임져야 할 팀원의 자율성을 최대한 보장해 주어야 일의 결과에 대해서도 제대로 된 책임을 물을 수 있고, 일에 대한 주체적 오너십도 기대할 수 있습니다.

올바른 평가를 위한 핵심 요소

"다들 비슷하게 열심히 했으니까." "승진 대상자는 특별히 챙겨주는 것이 도리지." "특별히 나를 더 잘 따르는 김 대리를…." 평가자인 팀장은 나름대로 논리적이고 객관적으로 평가했다고 생각하겠지만 팀원들은 그렇게 받아들이지 않습니다. 측정할 수 있는 구체적인 평가 기준에 대해 서로 다르게 혹은 불분명하게 이해하기 때문입니다. 그러므로 팀장은 '평가자가 판단하고자 하는 평가 기준은 측정 가능한 것인지', '평가 결과를 입증할 수 있는지' 생각해 봐야 합니다.

팀원들이 공정하다고 느낄 수 있는 평가를 하고 싶다면 다음과 같은 세 가지 핵심 요소를 평가에 반드시 반영해야 합니다.

신뢰성

사전에 합의한 성과평가 기준대로 평가하겠다는 일종의 약속인 '신뢰성'입니다. 신뢰성 있는 평가 기준은 수치화하고 객관화할 수 있는, 즉 측정 가능한 기준이어야 합니다. 구체적으로 인지할 수 있는 평가 기준은 예측 가능성도 갖게 됩니다. 그러면 신뢰성이 높아집니다.

타당성

'타당성'이 있다는 것은 개인의 성과평가 기준이 상위 조직의 성과목표와 인과적 연계성이 있어서 평가 기준으로써 변별력이 있다는 뜻입니다. 부연하자면 평가 기준이 행위 자체의 결과인 '실적'이 아니라, 행위의 목적 달성 여부를 측정할 수 있는 '성과'라는 의미이기도 합니다.

납득성

마지막으로 '납득성'은 평가 대상자가 평가 기준을 실행하기 위하여 실행 방법과 실행 과정을 주체적이고 주도적으로 실행할 수 있다는 것을 의미합니다. 평가 대상자가 성과를 창출하기 위한 실행 방법을 스스로 선택하고 실행 과정을 주도할 수 있다는 뜻입니다.

능력이 아니라
역량을 평가하라

능력과 역량은 어떻게 다를까요? 앞에서도 잠깐 소개했듯이 상당히 자주 사용하는 이 두 단어의 차이를 모르는 사람이 의외로 많습니다. 깊은 이해 없이 대략 아는 수준에서 용어를 사용하다 보면 저마다 다른 뜻으로 사용하게 되어 정확하게 소통할 수 없습니다. 기본기를 제대로 익히지 않은 채 시작한 운동이 멀쩡한 몸을 망칠 수 있는 것처럼, 의미와 본질을 정확히 알지 못한 채 사용하는 개념은 나중에 여러분의 발목을 잡을 것입니다.

능력과 역량이라는 개념도 그렇습니다. 기업에서 인

적 자원Human Resources과 관련한 일을 담당하는 사람이라면 능력과 역량이란 말을 하루에도 수십 번씩 사용할 것입니다. 그러나 해당 분야를 담당하고 있다 하더라도 이 둘의 의미를 정확히 이해하고 나서 실무에 적용하고, 다른 사람에게 차이점을 명확하게 전달할 수 있는 사람은 의외로 많지 않습니다.

능력과 역량은 어떻게 다를까?

교육 분야에서는 능력을 '어떤 행위를 실제로 수행하는 신체적, 심리적 힘'으로 정의합니다. 특별한 훈련 없이도 외적 상황이 허용되는 범위 내에서 일정한 과제를 수행할 수 있는 힘을 말하는 것으로, 이는 학습된 것일 수도 있고 생득적生得的인 것일 수도 있습니다. 이에 반해 역량은 '주어진 특정한 상황에서 심리적, 사회적 자원을 이용하거나 동원하여 복잡한 요구를 성공적으로 해결하는 능력'으로, 전인적 발달을 지향하고 지식이나 기능을 뛰어넘는 것을 의미합니다.

현대 경영학의 아버지 피터 드러커는 역량에 대해 이렇게 언급했습니다.

"어떤 사람의 목표 달성 능력과 그의 지능, 상상력, 지식 수준 사이에는 그다지 상관관계가 없는 듯하다. 머리가 좋은 사람들은 뛰어난 지적 통찰력 그 자체가 바로 성과로 이어지지 않는다는 사실을 인식하지 못하고 있다. 지능, 상상력, 지식이 성과를 내는 데 필수 요소인 것은 분명하지만 그런 요소들을 연결하려면 목표 달성 능력이 필요하다. 지능, 상상력, 지식 자체는 성과의 한계를 설정할 따름이다."

즉, 지능, 상상력, 지식과 같은 요소는 단순한 '능력'의 범주로 보고, 이를 기반으로 성과를 창출할 수 있는 연결 요소로써의 목표 달성 능력을 '역량'이라고 해석한 것입니다. 그리고 역량이 성과창출에 더욱 중요하다는 점을 강조했습니다.

'역량'이라는 개념은 1960~1970년대 심리학에서 제기되었다고 알려져 있습니다. 성취동기 이론으로 유명한 미국의 심리학자 맥클랜드David Clarence McClelland는 과거의 지능 개념이 직업에 영향을 미치는 실제 역량이 되지 못한다는 점을 지적하면서, 전통적인 의미의 지능보다는 개인이 수행하는 직무에서 성과로 나타나는 역량이 평가 대상이 되어야 한다고 주장했습니다.

그 후 미국의 조직 이론가 리처드 보야티스Richard E. Boyatzis 교수가 탁월한 성과자와 평균적인 성과자 간에 구별되는 특성을 규명하면서 역량이라는 용어가 더욱 주목받게 되었습니다. 그는 역량을 "효과적 또는 탁월한 성과와 결정적으로 관련된 동기, 특성, 기술, 자기 이미지, 사회적 역할, 지식 체계 등 특정 개인에게 내재된 특성"이라 했습니다. 그 외에도 수많은 학자의 정의를 참고하여 인적 자원 관리 분야에서는 역량을 이렇게 정의하고 있습니다. '높은 성과를 창출한 탁월한 성과자로부터 일관되게 관찰되는 행동 특성, 지식, 기술, 태도, 가치의 상호작용에 의해 성공적 결과를 이끌어낸 행동'이라고 말입니다. 그렇다면 실제로 기업 현장에서는 능력과 역량을 어떻게 구별하고 이해하고 있을까요?

능력은 성과창출의 필요조건

능력은 맡은 업무나 요구되는 역할을 수행하기 위

해 갖춰야 할 지식, 스킬, 경험, 태도의 합이며, 보유 능력capability, 직무 자격요건job requirements이라고도 합니다. 'capability'는 용량이라는 뜻의 'capacity'와 할 수 있는 힘이라는 뜻의 'ability'의 합성어로 '할 수 있는 힘의 용량'이라는 뜻이 됩니다. 그래서 능력을 말할 때 '보유 능력'이라 표현하고, 능력을 판단하기 위한 가늠자는 경력, 학력, 자격증 등이 있습니다. 능력은 주로 직장에서 직무분석 작업을 통해 도출한 '직무 수행 기준'을 말하기 때문에 성과창출의 필요조건에 해당합니다. 예전에는 노하우know-how라고 할 수 있는 능력만 있어도 대우받았지만 IT 기술과 인터넷의 발전으로 노웨어know where가 더 중요해졌고, 창의성, 융합성, 팀워크가 능력의 요건으로 추가되었습니다.

역량은 성과창출의 충분조건

1990년대 말부터 직장이나 사회에서 '역량'이라는 개념을 사용하고 있습니다. 과거의 직장에서는 능력고과, 능력평가라는 개념을 사용했으나 이제는 '역량평가'라고 부릅니다. 거기에 역량 중심의 면접, 역량모델, 역량지표, 역량 기반의 인력개발 체계, 역량 향상 과정 등 이제 역량은 꽤 친숙한 용어가 되었습니다. 앞서 설명했듯이 '역량'은 원하는 결과, 기대하는 결과, 즉 '성과를 창출할 수 있는 실행력'을 말합니다. 역량은 우연히 일어나거나 일회적인 것이 아닙니다. 반복적이고 지속적으로 발휘되는, 성과창출과 관련된 행동 특성입니다. 역량은 실행력을 담보로 하는 성과창출의 충분조건입니다. 역량은 '해낼 수 있는 힘'을 말하는 두하우do-how입니다.

직장에서 역량을 잘 발휘한다는 것은 성과를 지속적으로 창출해 낸다는 의미입니다. 역량을 제대로 발휘하려면 고객과 현장의 상황을 잘 파악하여 원하는 결과물을 구체적으로 디자인하고, 이를 성과목표로 객관화할 수 있는 실행력이 뛰어나야 합니다. 그리고 성과창출에 인과적인 전략 타깃을 제대로 선택하고 거기에 집중해야 합니다. 액션플랜을 인과적으로 수립하고 예상 리스크 요인에 대한 대응 방안도 수립할 수 있어야 합니다. 실행 단계에 들어가게 되면 기간별로 목표를 캐스케이딩하고, 외부 환경과 상황 변화에 따라 롤링플랜을 주기적으로 실행합니다. 그런 의미에서 역량은 '성과를 창출할 수 있는 실행력', '성과창출 프로세스를 행동으로 실천할 수 있는 행동력'이라고도 불립니다.

왜 역량에 주목하는가?

조직과 개인은 성과를 창출하기 위해 정해진 기간 내에 수행해야 할 역할이 있고, 그 역할에 맞게 행동함으로써 성과를 책임집니다. 조직에서 개인의 업무 전문성은 3~5년 전과 다릅니다. 근무 연차가 높아질수록 책임져야 할 성과의 범위와 수준도 넓어지고 높아집니다. 이러한 상황에서 성과를 지속적으로 창출해 내려면 필요한 능력을 개발하고 역량을 훈련해야 합니다. 꾸준히 성과를 창출해 낸다는 것은 곧 그만큼 역량이 축적되어 가고 있다는 뜻이며, 기본 능력 역시 갖췄다는 뜻입니다.

능력과 역량의 축적은 평가와 피드백이 결정합니다.
축적된 능력과 역량으로 더 높은 성과목표에 도전하고,
과거와 다른 성과를 창출해 낼 수 있습니다.

**쉽게 말해 1년 전에 만들어낸 결과물보다
오늘 만든 결과물이 더 가치 있고 의미 있어야 합니다.**

어느 조직이든 역량을 발휘할 수 있는 핵심 인재를 원합니다. 일반 기업은 물론 공공조직에서도 일반적 직무 요건인 능력보다는 역량을 채용의 중요한 요소로 생각합니다. 이력서에 부모님의 직업, 출신 학교, 사진 등을 공개하지 않고 오로지 지원자의 역량만 보고 선택하겠다는 곳도 많아졌습니다. 주도적이고 능동적으로 역량을 발휘하고 성과를 창출해 낼 수 있는 인재를 선별하려는 노력입니다. 요즘과 같은 저성장 시대에는 위기를 기회로 만들 수 있는 발휘 역량을 갖춘 인재를 찾아야만 합니다. 그렇다면 성과로 발현되는 역량을 어떻게 훈련해야 할까요?

조직이나 개인의 현재 역량 상태를 진단한다

역량을 어떻게 판단할 수 있을까요? 업무 수행 과정에서 각 업무 진행 단계별로 목표한 결과물을 성과로 창출해 내기 위해 인과적인 행동을 하고 있는지가 판단의 핵심입니다. 역량을 어느 정도로 발휘하는지 알아보기 위해서는 업무 단계별로 실천해야 할 행동 기준을 제대로 실행하고 있는지 진단해야 합니다.

① **기획 단계**: 조직별, 기간별로 가장 먼저 실행해야 할 핵심 과제를 선택한 후 성과목표를 설정하고 인과적인 전략을 수립하며 필요한 적정 자원을 산정하는 단계입니다.

② **계획 단계**: 기획한 성과목표와 인과적인 전략을 실행으로 옮기기 위해 액션플랜을 수립하는 단계로 일정별로 해야 할 일의 순서를 결정하는 단계입니다.

③ **실행 단계**: 기획하고 계획한 대로 액션플랜이 실행되고 있는지 모니터링하고 연간, 반기, 분기 목표를 월간, 주간 단위로 캐스케이딩하고 환경에 변화가 생겼을 때 롤링플랜을 수립하여 탄력적으로 실행하는 단계입니다.

④ **성과평가 단계**: 목표와 성과를 비교하여 성과를 평가하고 전략을 평가하는 단계입니다.

⑤ **피드백 단계**: 평가 결과를 분석하여 개선과제를 도출하고 미달성한 부분에 대해서는 어떻게 만회할 것인지

대책을 수립하는 단계입니다.

개발할 역량목표를 결정한다

역량 상태 진단과 비슷합니다. 업무 프로세스별로 바람직한 행동 기준을 찾아내고 조직과 개인이 어느 정도 수준까지 발휘해야 할지를 구체화합니다.

결정한 역량목표별로 트레이닝 계획을 수립한다

역량목표별로 현재 수준이 기대한 수준보다 현저히 낮다면 훈련의 대상이 됩니다. 역량 트레이닝 계획을 수립할 때는 주기적인 일정과 객관적인 역량지표를 함께 기재하는 것이 효과적입니다. 학습, 이해, 연습과 같이 추상적인 표현보다는 객관적으로 판단할 수 있는 '주 1회 업무 개선 사례 스크랩하기', '주 1회 스토리텔링 발표 연습 1시간씩 하기' 등이 좋습니다. 역량지표를 도출할 때는 우연히 발생한 일회적 성과 관점이 아니라 반복적인 성과로 연결시킬 수 있는 전략적인 행동이 무엇인지 생각해 보는 것이 중요합니다. 역량 트레이닝 계획을 수립한 후에는 리더에게 피드백을 받아 리더가 원하는 역량도 계획에 추가합니다.

역량을 평가하고 피드백한다

역량 트레이닝을 완료한 후에 객관적인 분석 자료를 바탕으로 목표 대비 성과를 평가합니다. 향후 개선하고 훈련해야 할 과제를 찾아내고 피드백하며 지속적으로 역량을 향상시키기 위해서입니다. 또한 매월 축적된 평가와 피드백 데이터는 역량 축적의 근간이 될 뿐만 아니라 연말 역량평가 때 리더와 객관적으로 소통할 수 있는 근거 자료가 됩니다.

역량은 경쟁력의 기본이다

고객 중심의 성숙 시대, 디지털 지식사회의 핵심 인재는 어떤 사람일까요? 많은 전문가들이 융합형, 협업형 인재를 꼽습니다. 풀어 설명하자면 조직의 미래와 성과 지향적 시각에서 업무 전체의 흐름을 이해하고 창의력을 발휘하여 성과를 창출할 수 있는 사람입니다. 저렴한

노동력은 이제 더 이상 기업이 최우선으로 여기는 경쟁력이 아닙니다. 능력에서 역량으로 패러다임이 이동했습니다. 오늘날 기업과 개인이 지속적으로 성장하는 데 가장 중요한 요소는 역량입니다.

그러나 대다수의 우리나라 기업들이 기술적으로는 4차 산업혁명, 고객 중심의 성숙 시대, 디지털 지식사회를 이야기하면서 정작 기업 내부의 인사 제도나 시스템은 여전히 과거 성장 시대, 산업사회의 스타일을 유지하고 있습니다. 현업에서는 성과나 역량을 기반으로 한 인사 시스템을 구축한다고 하지만, 실제 내용을 들여다보면 능력 중심의 프레임에 갇혀 있는 경우가 많습니다. 인사 제도의 핵심인 채용과 승진의 기준부터 진정한 역량 검증 시스템을 적용해야 합니다. 평가 시스템 역시 평가자의 평가 행위 중심의 사후 상대적 실적평가, 결과평가가 아니라 사전에 합의된 성과평가 기준에 따른 진정한 사후 절대적 성과평가가 이루어져야 할 것입니다.

또한 역량평가에 관해서도 획기적인 변화가 필요합니다. 하이퍼포머의 바람직한 행동 특성을 기준으로 역량평가를 한다고 하지만, 여전히 평가자에 의한 사후 주관적 판단으로 평가 대상자의 자질을 판단하고 있는 것이 현실입니다. 역량평가가 제대로 이루어지기 위해서는 역량평가 기준을 제대로 도출해야 합니다. 조직이 요구하는 인재상과 지향하는 핵심가치, 중장기 전략을 바탕으로 구체적인 행위지표를 도출한 후에 평가 대상자들이 객관적인 행동지표로 삼을 수 있도록 그 기준과 근거를 마련해 주어야 합니다. 직무 역량은 지금처럼 능력 중심이 아니라(문장만 행동처럼 보이게 바꾸는 수준이 아니라) 조직별로 성과창출 전략을 행위지표로 만들어 실질적인 역량행위지표, 즉 Key Behavior Indicator로 제시해야 할 것입니다.

실력은 거짓말하지 않습니다. 현재의 위치에서 더욱 당당해지고 자신 있게 세상과 시장에서 살아남기 위한 무기가 바로 실력이며, 그것은 기본기를 익힌 '역량'을 통해 이루어집니다. 어쩌다 우연히 반짝 성과를 낸 것은 '행운'이지 결코 '역량'이 아닙니다. 역량은 우연한 것도, 일회적인 것도 아닙니다. 역량은 지속적인 성과를 창출해 낼 수 있는 '일 근육'입니다. 처음부터 시작해 멋진 근육을 만들기까지는 시간이 걸리겠지만, 한번 체질화하면 두고두고 써먹을 수 있는 것이 역량입니다. 수동적으로 환경에 맞춰 일하지 말고 내면에서 우러난 진정한 고민과 노력을 통해 경쟁력을 쌓아야 합니다. 그런 사람만이 능력과 역량을 동시에 높이며 더욱 단단하게 성장할 수 있을 것입니다.

실적이 아니라
성과를 평가하라

무조건 열심히 한다고 해서 잘한 걸까요? '일을 위한 일'을 성실히 했다고 해서 일을 제대로 한 것은 아닙니다. 열심히 일한 노력의 결과물이 '실적'입니다. 일을 제대로 하는지를 평가할 수 있는 기준은 '성과'입니다. 성과는 일의 목적과 목표를 표현한 상태적 목표$_{objective}$를 성과로 창출한 결과물입니다. 일하기 전에 일의 목적과 목표를 '상태적으로' 설정하고, 인과적 전략을 수립하고, '리스크 헤징$_{risk\ hedging}$'을 하면서 정해진 기간 내에 한정된 자원을 가지고 목표를 달성했을 때 성과를 창출했다고 이야기합니다.

기본적으로 성과의 전제는 목적과 목표, 효과와 효율입니다. 과정과 상관없이 지향적 목표$_{goal}$의 결과를 창출했을 때 '좋은 결과를 냈다'고 하지 '원하는 성과를 창출했다'고 하지는 않습니다. 성과의 전제조건은 품질$_{quality}$과 코스트$_{cost}$, 납기$_{delivery}$ 준수입니다. 성과는 일을 하여 결과물이 부가가치를 창출한 상태를 말합니다. 성과평가에서는 최종성과에 대한 평가도 중요하지만, 최종성과에 이르기까지 기간별 과정성과에 대한 평가가 중요합니다. 최종성과를 창출했는가 그렇지 않은가만 따진다면 그것은 실적평가이자 결과평가일 뿐입니다.

일한 결과가 아닌 목표한 성과를 평가하라

평가의 대상은 크게 성과, 능력, 역량으로 구분할 수 있습니다. '성과'는 일정 기간 목표했던 업무 활동의 결과물을 평가하는 것으로 성과평가 혹은 업적평가라고도 불립니다. '능력'은 주어진 역할을 잘 수행하기 위해 필요한 지식, 스킬, 태도 등으로 특정 시점의 개인의 직무 수행능력과 태도, 마인드 등을 평가하는 것입니다. '역량'은 성과를 창출하기 위한 전략적 행동으로 역할 행동을 평가하는 것입니다.

일반적으로 기존의 평가는 성과, 능력, 역량마다 평가 항목의 가중치를 부여하는 방법으로 운영되어 왔습니다. 조직에 따라 특정 목적에 적합하게 조정하기도 했습니다. 직접적인 임금 인상을 위해서 성과 기준을 더 중시하는 조직이 있는가 하면, 미래의 기회 보상이나 교육 훈련을 위해서 역량과 능력 기준을 더 중요하게 평가하는 조직도 있습니다. 임원의 경우 노력 요소보다는 결과 요소를, 구성원은 역량이나 태도를 더 비중 있게 다루는 것이 일반적입니다.

평가 제도를 운영할 때 성과, 능력, 역량의 비중은 조직의 목적이나 운영 방침에 따라 다를 수 있습니다. 하지만 합리적이고 공정하게 평가하기 위해서는 평가 목적에 적합한 기준을 선정해야 한다는 사실은 변함이 없습니다. 평가 기준은 객관적이고 구체적이어야 합니다. 타당한 근거가 있어야만 평가 과정의 합리성을 유지할 수 있기 때문에 평가는 의도하고 기획한 기준을 세우고, 그것에 따라 진행해야 합니다.

특히 평가하고자 하는 성과, 역량, 능력이라는 세 가지 대상 중에서 기준에 대한 명확성이 가장 중요하게 요구되는 것은 바로 '성과'입니다. 지금까지 많은 조직에서 성과평가를 '결과평가', '실적평가'와 혼동하여 사용해 왔습니다. 이 때문에 평가 제도를 운영하는 과정에서 수많은 부작용과 불만이 생겨나기도 했습니다. 평가 기준을 수립할 때 무엇보다 중요한 것은, 그리고 가장 먼저 해야 할 일은 성과, 결과, 실적에 대한 명확한 개념 정리입니다.

이에 대해 간단히 설명하자면 다음과 같습니다. 먼저 '성과'란 의도한 목표를 달성한 결과물입니다. 반면 '결과'는 목적이나 목표와 상관없이 일이 마무리된 상태를 말합니다. 그리고 '실적'은 노력한 결과물이나 업무를 수행한 결과물을 말합니다. 우리가 실적을 이야기할 때 보통 두 가지를 언급하는데 '결과수치'와 '노력한 행동'입니다. 실적과 결과는 같은 의미로 사용되는 경우가 많습니다. 한편 성과와 결과의 가장 큰 차이는 지향적 목표가 아닌 상태적 목표가 존재하는가 여부입니다. 대부분의 조직은 지향적 목표를 KPI와 수치목표의 형태로 관리합니다.

성과는 '상태적 목표'와 '전략'의 인과관계로 만들어집니다. 이 때문에 어떤 일의 성과를 논하기 위해서는 반드시 상태적 목표가 전제되어야 합니다. 목표가 전제되지 않은 성과란 없습니다. 본래 성과란 일을 통해 기대하는 결과물이 달성된 상태를 말합니다. 자신이 일해서 책임져야 할 결과물이 달성되었을 때 그것을 성과라고 말합니다. 따라서 성과평가는 책임져야 할 결과물을 실제로 이루어냈는지를 평가하는 것입니다.

그런데 평가의 기준이 원하는 결과물을 이루어냈느냐가 아니라, 결과물을 만들어내는 데 어떤 노력을 했느냐가 기준이 되면서 문제가 발생했습니다. 일을 맹목적으로 '열심히만' 하는 사람들이 늘어났고, 결과평가와 실적평가가 마치 성과평가인 것처럼 적용된 것입니다. 이런 현상은 성과창출에 아무런 도움이 안 됩니다.

성과평가 vs. 결과평가

'성과'와 '결과'를 구분 짓는 전제조건이 '사전에 합의한 목표'였듯이, 평가 방식도 평가자와 평가 대상자가 사전에 합의한 '목표', 즉 사전에 합의한 '기준'을 근거로 평가하느냐 아니냐에 따라 성과평가 방식과 결과평가 방식으로 나눌 수 있습니다. 성과, 역량, 능력 중에서 평가의 대상이 무엇이든지 간에 '사전에 기준을 정해놓고' 수행 기간이 완료되었을 때 사전에 합의한 기준과 비교하여 평가하는 것이 성과평가 방식입니다.

간혹 성과평가 방식을 직무 성과에만 한정해 평가하는 것으로 오해하는 경우가 있습니다. 이는 직무 수행을 통해 얻은 결과를 평가할 때 성과평가 또는 업적평가라고 불러왔기 때문입니다. 성과평가 방식은 대상이 성과에 국한되지 않고, 능력과 역량에도 해당됩니다. 대상이 무엇이든 사전에 정해진 '기준'을 잣대로 평가하는 것이 성과평가 방식이고, 그렇지 않은 것이 결과평가 방식입니다.

'중형 규모(치과의사 3명)의 치과 매출 100억 원'이든,

'서울 성동구 직장인 신규 잠재 고객 200명 발굴'이든, '고객에게 요청받은 사항을 수행하고 처리 결과를 7일 이내에 공유'하는 것이든, 사전에 정해놓은 기준과 비교하여 창출한 결과물이 얼마나 차이가 나는지를 평가하는 객관적인 평가 방법이 바로 성과평가 방식입니다. 성과평가 방식은 어떠한 행위를 하기 전에 평가자와 평가 대상자 사이에 합의된 기준이 있고, 이를 바탕으로 평가함으로써 객관성을 확보한다는 장점이 있습니다. 그리고 기준 대비 부족한 부분을 확인하고 개선할 수 있다는 측면에서 '육성형 평가'라고도 합니다.

이와 반대로 기준과 상관없이 일이나 어떤 행위가 마무리된 상태를 두고 평가자가 주관적으로 평가하는 방법이 결과평가 방식이며, 이를 '사정형 평가'라고도 부릅니다. 여전히 많은 조직에서는 평가 대상자가 어떠한 실적을 달성했든, 어떠한 능력이나 행동을 보였든, 비교할 구체적인 기준도 없이 결과만을 놓고 평가하거나, 평가자의 경험과 직관적인 의견에 의존하는 결과평가 방식을 사용하고 있습니다. 평가 기간 동안 평가 대상자의 성과나 능력, 역량 등을 관찰하고 판단하는 과정에서 공식적으로 규정된 기준이 없기 때문에 사후 평가지표, 주관적인 가치 판단이나 과거의 인상적인 기억을 더듬어 판단할 위험이 큽니다. 이는 평가자의 주관적인 의견이 개입할 여지가 크고, 동시에 평가 오류를 범할 가능성도 커진다는 의미입니다.

본래 평가란 기업이나 기관의 지속적인 이익이나 가치 창출을 위해 각 조직과 개인이 직책별, 기능별, 기간별로 기여해야 할 '역할과 책임'의 기준을 사전에 설정하고 한정된 자원을 전략적으로 배분하고 투입하고 실행해, 그 결과에 대해 가치 판단하고 피드백하는 전략적 행위입니다. 평가 프로세스는 기업이나 기관의 가장 공식적인 커뮤니케이션 메커니즘이기도 합니다.

그래서 '무엇을 어떻게 평가할 것인가'에 따라 구성원의 동기부여가 결정됩니다. 조직과 리더가 자신을 제대로 평가하고 인정하는지를 알 수 있기 때문입니다. 그런 의미에서 평가 기준을 객관적으로 공정하게 마련하는 것은 조직의 매우 중차대한 문제입니다.

객관적이고 합리적인 평가 기준을 만들고자 한다면

일을 시작하기 전에 원하는 성과의 결과물을 이미지로 떠올릴 수 있을 만큼 예측 가능하게 설정해야 합니다. 하지만 대부분의 조직에서 운영하는 평가지표는 일을 실행해 봐야만 그 측정 가능성을 알 수 있는 지표로 구성되어 있는 경우가 많습니다. 이로 인해 구성원들은 업무 수행 방향을 잘못 잡아 성과를 창출하지 못하거나, 필요한 역량을 제대로 발휘하지 합니다.

**앞으로의 평가 방식은
객관적인 평가 기준을 사전에 합의하고
개개인의 역량을 육성하기 위한
환경을 마련해 주는 방식으로 진화해 갈 것입니다.**

평가는 단순히 평가 대상자들에게 평가 결과를 통보해 주는 것에서 끝나지 않습니다. 결과적으로 나타난 성과와 역량, 능력 등의 측정값도 중요하지만, 그러한 결과가 나오게 된 원인을 분석하고 향후 어떠한 역량과 능력을 보완해야 할지 그 해답을 찾는 발전의 기회로 삼아야 합니다. 그렇다면 연간 사업계획과 연계하여 객관적인 성과평가를 하려면 어떻게 해야 할까요? 다음과 같은 다섯 가지 주의사항을 숙지하는 것이 필요합니다.

성과목표를 기준으로 절대평가한다

동료와 경쟁하지 않고 자신의 미래 목표와 경쟁하게 하라는 것입니다. 최근 팀의 경계가 모호해지고 프로젝트 업무가 많아지면서 인위적으로 평가 등급을 구분하기가 어려워졌습니다. 프로젝트 업무는 개인이 독자적으로 수행한 업무라기보다는, 팀 구분 없이 다수의 평가 대상자가 함께 다양한 기능을 바탕으로 협업하는 방식입니다. 업무 특성에 따라 비정기적으로 발생하고, 한 사람이 동시에 2~3개의 프로젝트에 참여하기도 합니다. 그리고 팀장과 팀원의 역할이 단순해져 실질적으로는 조직의 계층이 줄어들고 있습니다.

이것은 전문성을 바탕으로 한 업무 협업이 활성화되면서 나타나는 변화입니다. 더 이상 팀 내부의 평가 대상자들을 일렬로 줄 세워서 서열화하는 것이 불가능해졌습니다. 방법적으로도 불가능해졌지만, 평가 대상자가 수용하기도 어려워진 것입니다. 치열한 내부 순위 경쟁보다는 역할과 책임이라는 명확한 기준에 따른 절대평가가 바람직하다는 인식이 지배적입니다.

따라서 이제는 옆자리 동료가 아니라 자신이 사전에 설정한 성과목표를 비교 평가의 대상으로 삼아야 합니다. 그렇게 하려면 개인이 설정한 성과목표와 실제 성과로 창출한 결과물을 비교해 목표를 달성했는지 아닌지 판단해야 합니다. 성과목표는 측정 가능하고 예측 가능해야 하며, 상위조직의 성과목표와 연계성이 있어야 하고, 팀장과 팀원 모두가 납득할 수 있는 상태여야 합니다. 앞에서 설명한 것처럼 이러한 조건을 충족시키기 위해서는 신뢰성, 타당성, 납득성이 갖춰져야 합니다.

스스로 평가하고 피드백하는 프로세스를 갖춘다

실행의 주체는 평가를 받는 사람입니다. 이 때문에 평가의 주체도 평가자가 아니라 평가 대상자여야 바람직힙니다. 하지만 조직의 현실은 그렇지 않습니다. 대부분 평가자에게 평가 권한이 집중된 평가 시스템을 운영하기 때문입니다. 물론 제도 탓만은 아닙니다. 타인의 시선을 중시하는 한국인의 특성상 자신을 솔직하게 평가하는 일은 매우 어렵기 때문입니다. 자신이 했던 일들을 되돌아보는 것 자체가 쑥스럽기도 하거니와 어차피 자신의 평가는 공식적인 평가가 될 수 없는데 굳이 해야 할까 하는 생각도 깔려 있습니다.

주니어 사원 시절에는 어떤 일을 해야 할지 모르니 시키는 대로만 합니다. 잘했는지 못했는지는 그 일을 시킨 리더로부터 평가받았습니다. 그런데 그렇게 몇 년이 지나 능력과 역량이 어느 정도 쌓였는데도 여전히 자신이 일을 잘하고 있는지, 무엇을 잘하고 무엇을 잘 못하는지 모르는 상태라면 문제가 심각합니다. 다른 사람의 평가에만 의존하게 되고 지적받는 데 익숙해집니다. 팀원을 평가하는 사람은 리더가 전부가 아닙니다. 가장 가까이에 있고 누구보다도 자신을 가장 잘 아는 사람은 팀원 자신입니다. 직장에서 좋은 평가를 받는 것도 물론 중요하지만, 스스로 자신의 성과와 역량의 수준을 정확하게 아는 것 역시 필요합니다. 조직 내에서 팀원이 맡은 역할과 책임을 고려해 자신의 성과와 역량을 스스로 객관적으로 평가하고 피드백할 수 있어야 합니다. 어떤 일을 하든 스스로 고민하고 노력한 흔적만큼 성장하고 역량이 향상됩니다. 평상시에 일할 때 '왜 저 일은 원하는 성과를 내지 못한 것일까?', '실행 방법에 무슨 문제가 있었나?', '더 좋은 방법은 없을까?' 등의 문제의식을 가지고 끊임없이 자신에게 질문하고 해결책을 찾으려는 노력을 해야 합니다. 그 과정에서 창의적으로 문제를 해결하는 역량 또한 길러집니다.

실행이 끝났다고 해서 일이 끝난 것은 아닙니다. 일의 결과에 대해 평가하고 피드백까지 완료한 상태가 바로 일을 끝낸 상태입니다. 이러한 관점에서 여태까지 해온 일들을 돌이켜봤을 때 일을 제대로 끝냈다고 말할 수 있습니까? 일이 끝날 때마다 스스로 성과를 평가해 보면 자신의 능력과 역량에 대해 구체적인 보완점과 개선점이 보일 것입니다. 팀원이 그러한 개선점을 객관적으로 파악한다면 추후에 리더와 면담하거나 성과코칭을 받을 때도 매우 도움이 됩니다.

직무성과평가에 사람에 대한 감정을 개입시키지 않는다

넓은 의미의 인사평가는 사람에 대한 '자질가치평가'와 '직무성과평가'를 모두 포괄합니다. 그런데 평가의 목적이 무엇이냐에 따라 평가 기준이 달라집니다. 다시 말해 사람 자체에 대한 자질평가가 목적인지, 아니면 구성원들이 수행하는 업무성과와 역량에 대한 평가가 목적인지에 따라 평가 기준이 달라진다는 의미입니다.

자질가치평가는 적재적소 배치가 목적입니다. 조직에서 자신에게 요구하는 인재상과 직책별 인재상, 핵심가치 이행 여부를 평가합니다. 더 높은 수준의 성과를 창출해 내려면 그와 관련된 역량도 중요하지만, 일을 수행하는 주체인 사람 자체의 자질도 빼놓을 수 없습니다. 조직에서는 오로지 일의 양과 질만 가지고 평가하지는 않습니다. 채용이나 승진, 보임 등의 경우 직책 수행자로서 올바른 역할 역량을 갖추고 있는지, 인재상과 핵심가치에 부합하는지를 평가해야 할 때도 있습니다.

주로 연간이나 분기별로 실시하는 '직무성과평가'는 연초에 수립한 성과목표와 역량목표의 달성 정도를 평가하는 것이 목적입니다. 대부분 연초에 성과목표와 역량목표를 객관적인 수치로 설정했기 때문에 결과물과 목표를 비교하면 객관적인 평가가 가능합니다. 직무성과평가는 반드시 객관적인 성과와 역량평가 기준에 근거하여 평가해야 합니다. 이유 없이 미워 보이고 마음에 들지 않는다고 해서 주관적으로 평가해서는 안 됩니다. 평가 대상자의 인성이나 품성 등 사람에 대한 기준이 개입되지 않도록 각별히 신경 써야 합니다.

연간 단위의 평가에서 상시평가로 전환한다

요즘의 경영 환경은 한 치 앞도 장담할 수 없을 만큼 불안합니다. 당장 다음 분기에도 어떻게 될지 모르는 애매모호한 경영 환경에서, 연말에 평가받아야 할 기준과 목표를 연초에 설정하는 것은 너무나 비현실적입니다. 요식 행위에 불과한 것으로 느껴지는 게 당연합니다. 물론 전사적인 차원이나 사업부 차원에서 올해 반드시 달성해야 할 단기 성과목표를 설정하고, 중장기 비전을 실현하기 위해 선행적 관점에서 반드시 실행되어야 할 핵심 과제를 도출하는 것은 두말할 필요 없이 해야 합니다. 그러나 실행 조직인 팀이나 팀원 개인의 차원에서 분기별, 월별로 수행해야 할 과제와 목표를 연초에 의사결정하기는 쉽지 않습니다.

앞에서도 말했지만, 예전에는 공급자 중심의 경영 환경 속에서 고도성장하던 시기였습니다. 그 시절에는 열심히 노력한 만큼 결과가 비례해서 산출되었기 때문에 연간 단위로 비교적 상세하게 계획을 세우고 실행해도 큰 문제가 없었습니다. 하지만 요즘과 같이 고객 중심의 시장에서, 그리고 한 치 앞도 안 보이는 불확실한 경영 환경에서는 '연간'이라는 기준은 너무 멉니다.

전사 혹은 사업부 차원에서는(산업의 특성에 따라서 팀 차원에서도) 연간 단위로 성과목표를 설정하고, 팀이나 팀원 개인은 분기나 월간, 프로젝트나 과제task 단위로 설정하는 것이 현실적입니다. 그렇게 하면 기간별로 혹은 프로젝트 단위로 일을 시작할 때 리얼타임으로 평가 기준을 설정할 수 있고, 일을 종료하고 나서 평가할 수 있습니다. 그리고 그 결과를 저장해 두었다가 반기 말이나 연말에 활용하면 됩니다.

물론 이런 상시적이고 잦은 평가 기준 설정과 평가 행위에 대해 팀장이나 임원들은 '평가만 하면 일은 대체 언제 하느냐'며 불만을 가질 수도 있습니다. 하지만 일을 시작하기 전에 목표를 세우고 일이 끝나고 나면 평가하는 것은 특별한 이벤트가 아니라 일상적인 업무 행위라는 것을 인식해야 합니다.

이제까지는 제대로 된 프로세스에 따라 일을 진행하기보다는 리더들의 성향에 맞춰서 일해온 습관 때문인지 어떤 사람들은 체계적인 프로세스를 따르는 것이 마치 통제당하는 것 같다고 불평하기도 합니다. 이는 제대로 알지 못하고 하는 말입니다. 조직이라면 모름지기 올바른 프로세스에 따라 올바르게 일해야만 지속가능한 성과를 창출할 수 있습니다. 각 개인이 자신의 경험과 지식으로, 주먹구구식으로 일해서는 미래가 없습니다.

성과평가하고 난 후 성과에 대해 기여가치를 보상한다

어떻게 하면 팀원들이 일에 대한 열정을 활활 불태우고 신바람 나게 일할 수 있을까요? 앞에서 평가는 곧 동기부여와 직결된다고 했습니다. 평가 자체의 신뢰성, 타당성, 납득성을 확보하는 것도 중요하지만, 직무성과를 평가하는 메커니즘과 보상 메커니즘을 더욱 강력하게 연계해 팀원들의 동기부여를 강화할 필요가 있습니다.

지속적으로 동기부여가 되려면 단기적인 성과를 인정하는 금전적 인센티브 외에도, 구성원들의 미래 성장을 담보하는 역량 개발과 승진이라는 비금전적 보상이 종합적으로 이루어져야 합니다. 대부분의 직장인들은 연봉을 '보유 능력'과 '과거 경험'에 대한 보상으로 생각합니다. 그러나 이러한 호봉제 성격의 연봉 책정은 개인과 조직의 성장에 촉진제가 되지 못합니다. 능력과 경험에 따른 연봉은 철저히 과거 공헌도에 대한 보상입니다.

앞으로는 일괄적으로 인상하는 현재의 임금 지급 방식이 아니라, 평가 영역별로 구분해 연동시킬 필요가 있습니다. 보상은 미래의 시점에서 접근해야 합니다. 연봉을 기본연봉과 성과연봉으로 나눠, 기본연봉은 팀원들의 역량 발휘 정도를 평가해 개인의 미래 가치에 따라 책정하고, 성과연봉은 개인의 성과목표 달성 여부에 따라 결정하는 것이 가장 합리적입니다. 그 외에 팀 차원에서 거둔 성과에 대해서는 집단 인센티브에 연계시키는 것이 바람직합니다.

여기서 중요한 것은 보상 자체가 아니라 '왜 주는지',

즉 보상의 이유와 근거를 명확하고 설득력 있게 제시해야 한다는 점입니다. 임금을 인상할 때는 대상자의 역량과 능력이 얼마나 향상되었는지를 구체적으로 알리고, 성과연봉을 지급할 때에도 회사와 약속한 성과목표를 성과로 창출해 냈다는 데에 의의를 두고 그 부분을 정확히 전달해야 합니다. 마찬가지로 인센티브 역시 회사의 이익 창출에 얼마나 기여했는지를 알려주어야 합니다.

팀원은 팀장의 부하가 아니다

평가 결과는 임금, 승진, 교육 훈련 등에 반영되는데 특히 직장인들이 가장 큰 관심을 갖는 분야는 '보상'입니다. 평가 결과에 대해 엄격하고 공정하게 보상한다면 구성원의 동기부여에 큰 효과를 기대할 수 있습니다. 조직에서 평가와 보상은 동기부여에 가장 직접적이고 기본적인 제도임에도 불구하고, 구성원들의 지속적인 불만과 불평의 근원이 되어온 것이 사실입니다. 보상의 근거 자료가 되는 평가 대상이나 평가 기준에 대한 문제점

외에 반드시 짚고 넘어가야 할 점은 보상을 어떤 관점에서 바라보느냐 하는 인식의 문제입니다.

특히 MZ세대라고 불리는 젊은 팀원들은 직장을 바라보는 시각이 그 이전 세대와 조금 다릅니다. 모두 다 그렇다고 말할 수는 없겠지만, 대체로 직장을 경제적인 관점으로만 바라보는 경우가 많습니다. 그러다 보니 일에, 조직에 인생을 거는 사람도 많지 않습니다. 자신의 소중한 젊은 날을 믿고 맡길 만한 회사인지, 배우고 성장할 기회는 많은지, 팀장이 제대로 팀을 이끄는지 등을 끊임없이 의심하고 검증합니다. 그러다 아니라는 생각이 들면 언제라도 가차 없이 조직과의 인연을 끊습니다.

그러한 팀원들과 함께 일해야 하니 팀장도 시각을 바꿔야 합니다. 수직적인 상하 관점을 내려놓고 수평적인 상호 파트너 관점으로 바꿔야 합니다. 팀원들은 각자 맡은 역할과 책임이라는 수평적인 기준으로, 그리고 계약 관계를 바탕으로 일한다는 의식이 있습니다. 자신이 가진 미션과 비전을 조직에 투영하고, 수평적인 공동체 의식 속에서 자기 주도적으로 일하기를 원합니다. 따라서 이제 팀원은 팀장의 부하가 아니라 팀장의 고객이고 조직의 고객입니다. 그러므로 기업가치 창출의 전략적 협업 파트너로 대우해야 합니다.

평가의 진정한 목적은
성장과 발전이다

평가의 가장 중요한 목적은 무엇일까요? 같은 실수를 반복하지 않는 것, 부족한 역량을 보완하는 것 외에도 여러 가지가 있을 것입니다. 어쨌든 이들의 공통점은 앞으로 창출해 낼 성과에 영향을 미치는 선행 요소들을 찾아 개선하자는 것입니다. 그런데 현실은 그렇지 않습니다. '만들어낸 결과물에 만족하는가?'의 여부를 판단하는 수단으로만 평가를 사용하는 경우가 대부분입니다. 물론 반성도 하고 개선할 점을 고민하는 사람들도 있겠지만, 실상은 투지와 각오 다지기 수준이 대부분입니다.

여러 번 강조했지만 일하기 전에는 반드시 목표와 전략을 수립해야 합니다. 그리고 그 전에 성과코칭과 권한위임이 피드포워드 관점에서 선행되어야 합니다. 더불어 일을 하고 나면 반드시 성과평가를 하고, 성과코칭과 피드백이 후행되어야 합니다. 사후평가의 목적은 잘못한 부분을 야단치거나 질책하기 위함이 아닙니다. 개선해야 할 부분이 무엇인지 문제를 도출하고, 해결 방법을 찾기 위함입니다. 또한 연간 목표를 반기, 분기, 월간, 주간 단위로 케스캐이딩하고 실행한 후 연초에 합의한 연간 목표와 실제 달성한 성과가 얼마나 차이 나는지 비교해 보고, 차이가 난다면 원인을 분석하고 개선과제를 찾는 것이 목적입니다.

개선과제를 찾기 위해서는 목표 대비 성과에 대해 성과평가를 한 후 기획한 전략 대비 실행한 전략에 대한 '전략평가'를 반드시 실시해야 합니다. 전략평가를 실시하지 않으면 결과론적이고 주관적인 개선과제가 도출됩니다. 그러한 주관적인 개선과제로는 부족한 내부 역량을 개선할 수 없고, 향후 부정적인 결과가 반복될 가능성이 큽니다. 또한 연말평가가 제대로 이루어지기 위해서는 최소 분기 단위의 과정평가 결과물이 사전에 전제되어야 합니다. 물론 월간 단위로 과정평가가 되어 있다면 훨씬 더 객관적으로 평가할 수 있습니다.

1년 동안 바쁜 나날을 보내다 보면 자신이 정말 잘한 일이 있음에도 불구하고 연말에 기억나지 않는 경우가 있습니다. 또한 실수했던 일은 의도적으로 기억에서 지워버리기도 합니다. 그러므로 평소에 업무 중 발생한 이슈를 모니터링하고 기록하는 것이 중요합니다. 그 기록을 가지고 프로젝트가 끝난 후에 차분히 리뷰하는 습관을 들이면 개선점이 훨씬 잘 보입니다. 물론 이러한 것을 아날로그방식으로 하는 것보다 디지털방식의 플랫폼('성과창출 플랫폼 PXR'과 같은 플랫폼이 도움이 될 수 있습니다)이나 시스템으로 해결한다면 훨씬 편의성과 효율성이 뛰어날 겁니다. 1년 치를 한꺼번에 몰아서 정리하는 것보다는 월간이나 주간 단위로 스스로 과정평가를 해보고 피드백하는 습관을 들여야 합니다. 그때그때 부족한 점을 보완할 수 있고 개선과제와 만회대책을 더 디테일하게 도출할 수 있습니다.

개선과제를 도출하고 만회대책을 수립하는 법

개선과제를 도출하고 만회대책을 수립하려면 우선 목표한 일을 실행하고 나서 목표대로 성과가 창출되었는지를 객관적으로 평가해야 합니다. 그리고 성과창출에 결정적인 전략과 방법이 무엇이었는지, 투입 자원은 적절했는지를 인과적으로 분석하여 전략평가를 실시합니다. 객관적인 근거 중심으로 평가했다면 앞으로 개선해야 할 과제가 무엇인지, 미달성한 목표를 어떻게 만회할지 실행 계획을 수립해야 합니다.

우리의 일하는 습관을 분석해 보면 일일, 주간, 월간 단위로 해야 할 일이나 과제를 선정하고, 실행 일정을 수립하고 실행했는지 체크하는 수준에서 그치는 것이 현실입니다. 실행 행위에서 끝나지 말고 반드시 과제를 시작하기 전에 원하는 결과물의 기준과 실제 결과물의 차이를 평가하고 분석해야 합니다. 미달성한 부분에 대한 만회대책도 수립해서 투지와 각오를 다질 수 있다면 더욱 좋습니다.

**성과목표 수립부터 성과창출 전략 수립,
캐스케이딩 실행, 성과와 전략평가, 개선과제 도출까지
일련의 과정을 완벽하게 실천하는 직장인은 거의 없습니다.
그런데 일하기 전에 성과목표만 제대로 세워도
원하는 결과물을 충분히 성과로 창출할 수 있다면
해볼 만하지 않겠습니까?**

여러 번 강조했듯이 성과목표는 '상태적 목표'로 구체적으로 설정해야 합니다. 이 과정만 제대로 실천해도 결과가 확연히 달라집니다. '목표'라는 말이 너무 부담스럽다면 월간이나 주간, 일일, 과제별 목표에 대해서는 목표 대신 '원하는 결과물', '기대하는 결과물'이라고 표현해도 됩니다. 일을 끝내고 나서 개선과제를 도출하는 과정만 제대로 실행해도 반복적인 목표 미달성 사태는 예방할 수 있습니다.

개선과제의 내용은 구체적인 영역별로 도출할 수 있습니다. 성과창출 프로세스 이해, 핵심 과제 도출 방법, 성과목표 수립 방법, 성과목표 조감도 작성 방법, 고정변수목표와 변동변수목표별 플랜A 수립 방법, 외부 환경과 내부 역량 리스크 요인 도출 방법과 대응 방안 플랜B 수립 방법, 캐스케이딩 방법, 롤링플랜 수립 방법 등 여러 단계에서 무엇을 개선하면 좋은지 고민해 봅니다.

개선과제를 제대로 도출하기 위해서는 평가 단계의 '전략평가'가 중요합니다. 원하는 성과를 창출하는 데 인과적으로 영향을 미친 원인 요소들을 분석해 내야 올바른 개선과제를 찾아낼 수 있습니다. 일이 끝나고 나면 리뷰가 중요하다고 했는데, 리뷰의 핵심이 전략평가이고 그 핵심 결과물이 바로 개선과제입니다. 개선과제를 도출하고 난 다음에는 개선과제를 언제까지 실행해서 어떤 결과물을 만들어낼 것인지, 개선 목표와 구체적인 실행 계획을 수립하고 반드시 행동으로 옮겨야 합니다. 미달성된 성과를 만회하기 위해서는 부족한 성과를 만회하는 것이 의미 있는지 아니면 미달성된 결과물 자체로 종료할 것인지를 판단해야 합니다.

시간과 일정이 정해져 있는 결과물의 경우에는 만회 계획 수립이 사실상 의미가 없습니다. 하지만 반복되는 성과물의 경우에는 반드시 부족한 성과를 언제까지 추가로 만회할 것인지 만회대책을 세워야 합니다. 그리고 피드백할 때는 기록을 남기는 것이 중요합니다. 피드백의 기본은 셀프 피드백이지만, 팀장의 요청과 상관없이 팀원 스스로가 리포트해야 합니다. 기록 중심으로 피드백을 반복하다 보면 분석력과 실행력을 기를 수 있기 때문입니다. 피드백을 하는 시기는 일이 끝나고 난 후에 곧바로 실행하는 것이 가장 바람직합니다. 그리고 최소한 1주일에 한 번씩은 주기적으로 실행하는 것이 좋습니다.

평가는 팀장이 하는 것이 아니다

평가는 팀장이 하는 것이 아니라 사전에 합의한 결과물의 기준인 '목표'가 하는 것입니다. 대신 평가자인 팀장은 기준이 제대로 설정되었는지, 기준대로 결과물이 산출되었는지를 검증하는 품질보증 책임자 역할에 충실하면 됩니다. 평가 대상은 과제나 행위 자체가 아니라 과제 수행과 행위의 결과물이며, 그 결과물은 그냥 결과물이 아니라 가치 있는 결과물이어야 합니다. 평가를 제대로 하기 위해서는 과제나 행위를 어떻게 측정하고 평가할 것인지를 고민할 것이 아니라, 과제 수행과 행위의 결과물을 어떻게 측정하고 평가할 것인지를 고민해야 합니다. 대부분 과제를 측정해야 한다고 생각하는데, 그렇게 되면 영업이나 생산 업무는 계량화해 수치로 평가할 수 있지만 경영지원 업무나 연구개발 업무는 수치화하기 힘들어서 정성적인 평가밖에 못한다고 여깁니다.

공공조직도 비슷한 논리를 가지고 있습니다. 기업은 이익이나 매출로 평가할 수 있지만 공공조직은 재무적인 이익을 추구하는 집단이 아니기 때문에 정량적인 수치로 평가하기가 어렵다고 이구동성으로 이야기합니다. 이러한 생각 역시 고정관념이고 편견입니다. 과제나 업무는 정성적인 것과 정량적인 것으로 나눌 수 있지만, 업무 수행의 결과물은 100퍼센트 정량적이고 객관적이어야 합니다. 정성적 목표라는 말은 애초에 성립되지 않습니다.

성과평가를 제대로 하고 싶다면 일하기 전에 원하는 결과물의 가치 기준을 구체적으로 상호 합의하여 설정해야 합니다. 또한 행위에 대한 역량평가를 제대로 하고 싶다면 행위를 하기 전에 원하는 행위 결과물의 가치 기준을 구체적으로 상호 합의하여 설정해야 합니다.

에필로그

오늘부터 당신은 관리자가 아닌 팀의 경영자입니다

부서장의 시대가 가고, 이제 '팀장의 시대'가 왔습니다. 부서장은 관리 역할로 자신의 존재 가치를 어필했지만, 팀장은 팀이라는 자기만의 무대에서 '성과창출'로 자신의 시대를 증명해야만 합니다. 과거 성장 시대에는 부서장의 역할이 꼭 필요했습니다. 공급자 중심의 시장이었고 집단 관리가 필요했던 때입니다. 1분 1초라도 아끼며 성실하게 일하고 야근도 불사하며 얼마나 노력했는지에 따라 경영 실적이 좌우되던 시절이었습니다.

하지만 이미 시대는 바뀌었습니다. 부서장의 명칭이 본부장, 팀장, 파트장 등으로 바뀌었지만 아쉽게도 여전히 조직에서 그들의 역할은 크게 변하지 않았습니다. 이미 우리 사회는 성숙 시대로 접어들었고, 수요자 중심의 글로벌 시장에 도전해야 하며, 집단 속의 개인 관리가 필수입니다. 열심히 노력하는 것도 중요하지만 성과창출을 위해 '제대로' 일하는 것이 더 중요합니다. 그러므로 이제 팀장은 중간관리자가 아니라, 팀의 성과를 책임지고 창출하는 경영자입니다. 팀장과 함께 일하는 팀원들도 예전의 부서장이 관리하던 팀원들과는 완전히 다른 존재가 되었습니다. 디지털 역량과 글로벌 감각을 갖춘, 자기완결적인 성과 경영자입니다. 팀원들은 팀장을 보좌하는 팔로어가 아닙니다. 팀장에게 리더십이 필요하듯이 팀원에게도 저마다의 리더십이 필요합니다.

과거 부서장의 역할은 조직관리, 관계관리, 업무관리가 핵심이었습니다. 반면 팀장의 역할에서의 핵심은 '팀의 성과창출'입니다. 그리고 이를 위해 팀장은 조직관리, 사람관리, 성과관리, 소통관리, 변화관리를 책임져야 합니다. 특히 팀장은 팀의 3년 후, 1년 후, 6개월 후의 구체적인 미래 비전을 제시하고, 현재 수준과의 차이gap를 팀원들과 공유해 선행전략과제를 도출하여 실행해야 합니다.

무엇보다 팀장은 팀의 미래 성과와 현재 성과를 지속적으로 창출해 내기 위해 CEO가 꿈꾸는 미래 비전과 팀장 자신이 꿈꾸는 미래 비전을 소통하여 회사와 한 방향으로 나아가도록 해야 합니다. 나무의 관점에서 팀을 바라보지 말고 숲의 관점에서 팀을 바라봐야 하지요. 그러기 위해서는 정기적으로 회사의 미래 비전과 연결된 팀의 비전을 구체화해 CEO에게 검증받고 감리받아야 합니다.

팀장이 오직 마음만으로 CEO의 마인드를 가질 수는 없습니다. CEO에게는 CEO의 역할과 책임이 있고, 팀장에게는 팀장의 역할과 책임이 있습니다. 그러므로 팀장은 CEO의 시선을 빌려 팀의 비전을 주기적으로 검증받아야 합니다. 그것이 팀장이 팀을 회사가 가고자 하는 방향으로 리딩하는 방법입니다.

팀장이 팀의 목표를 세우고 일을 추진해 나가지만 제대로 성과를 창출하지 못하는 이유는 '목표에 대한 이해도' 때문입니다. 팀의 목표는 회사나 본부의 성과창출을 위한 선행목표입니다. 팀의 목표에는 CEO나 본부장의 니즈와 원츠가 담겨 있다는 뜻입니다. 그런데 팀장이 이를 간과한 채 '그저 열심히 일하다 보면 목표가 달성되겠지' 하며 월간, 주간, 일일 단위로 팀원들의 일정 관리에만 빠져 있다면 결코 상위조직이 기대하는 성과를 창출할 수 없습니다. 과제는 팀이 수행하지만, 성과의 가치를 평가하는 주체는 CEO나 임원입니다. 그러기에 팀장은 과제를 수행하기 전에 이를 통해 반드시 창출해 내야 하는 성과의 기준이 구체적으로 무엇인지를 상위리더와 충분히 교감해야 합니다. 이 과정을 소홀히 하면 성과가 창출되기 어렵습니다. 즉, 성과는 열심히 일하다 보면 저절로 창출되는 것이 아니라, 성과창출의 기준인 상태적 목표를 구체화하고 인과적인 실행을 해야만 창출되는 것입니다.

회사는 아무에게나 팀장을 맡기지 않습니다.

팀장으로 일한다는 건 본부장이나 CEO로 가기 위한
'경영자 육성 코스'에 올라탔다는 것을 의미합니다.
팀장 역할을 잘 수행하고
지속적으로 성과를 창출할 수 있는 역량을 기르면
본부장이나 CEO의 역할도 수행할 수 있게 되는 것입니다.
즉, 팀장 역할이란 자기 성장과 발전을 위한
현장 훈련 프로그램이라 할 수 있습니다.

이제 부서장의 관리 시대는 가고, 팀장의 성과 시대가 왔습니다.

당신은 상사형 팀장이 되고 싶은가요?

아니면 리더형 팀장으로 변화하고 싶은가요?

오늘부터 팀의 경영자로 성장할 당신을 기대합니다.

성과창출플랫폼 PXR
구성원이 회사와 함께 성장하며 일하는 방식

소통	공감	공정	투명
수요자가 원하는 성과목표를 합의하여 설정	성과목표 기준을 리더와 합의하여 성과평가	성과목표를 성과로 창출한 근거와 공과가 명확함	성과목표를 수행한 과정의 히스토리 공유

대한민국 최초
성과창출의 디지털 전환(DT)

PXR의 인과적 성과창출 프로세스를 통해
데이터를 수집하고 시각화하여 제공합니다.

성과창출 지표를
만들다

PXR 맞춤형 성과창출 지표는
성과 분석 및 보고를 실시간 데이터로 제공합니다.

성과창출에
성과 코칭을 더하다

지시와 방임이 아닌 성과코칭으로
성과창출 지표를 바탕으로 성과창출방법을 코칭 받으실 수 있습니다.

PXR 성과창출 프로세스

회사의 성과창출을 위한 성과 기준과 성과 목표에 기반한
프로세스 중심으로 일하는 방식의 전환을 위하여 「성과창출플랫폼 PXR」

과제와 성과 사이의 '블랙박스'를 해결해 주는 '투명 박스'이다. 과제를 목표로 전환시키고 목표를 성과로
창출하기까지의 과정을 인과적으로 실행하게 하는 도구이며, 목표한 것을 하위 조직별로 기간별로
과정 목표의 형태로 잘게 캐스케이딩해서 실행하게 해주는 도구이다.

[3 Cycle]

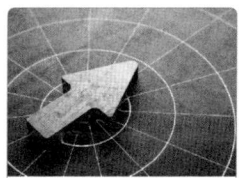

Preview

성과목표와 성과창출전략을 수립

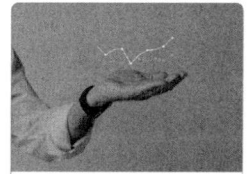

causal eXecution

월간, 주간, 일일 단위로 캐스케이딩
(역할과 책임을 적절히 분배) 하여
실행하는 인과적 실행

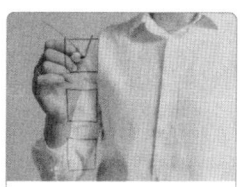

Review

성과를 평가하고 피드백하는 단계별
과정에서 관찰하고 질문하고 경독 청하여
스스로 깨닫게 하는 리뷰

[5 Step]

비전·가치 실현
조직 및 개인의 공동 성장

그룹 경영전략	→	회사 경영전략	→	조직 성과관리	→	개인 성과창출 프로세스
(비전/핵심가치/원칙...)		(비전/중장기/연간/분기)		(중기/연간/월간/주간)		(연간/월간/주간/일일)

1 핵심과제 도출	2 성과목표 설정	3 성과창출전략 수립	4 기간별 과정 목표 캐스케이딩·협업	5 성과평가 개선과제 만회대책
팀 핵심과제 : 팀차원/개인별	일의 수요자가 기대하는 결과물	인과적 타킷 공략방법	기간별 과정 목표 캐스케이딩	목표 vs 성과
• 선행과제 • 당기과제 • 개선과제	• 성과목표화 • 세부 구성요소 • 상태적 목표 • 성과목표 조감도	• 고정변수 목표 • 변동변수 목표 • 타킷별 공략 방법 • 리스크 대응 방안	• 원하는 결과물 • 소요/완료 일정 • 기간별 아웃풋 • 롤링 플랜 • 수직/수평 협업	• 목표/성과 분석 • Gap 원인 파악 • 전략/과정 평가 • 개선/보완과제

성과코칭
(생각 → 경독청 → 질문 → 검증)

팀장의 시대

초판 1쇄 인쇄 2025년 9월 3일
초판 1쇄 발행 2025년 9월 22일

지은이 류랑도
펴낸이 김선식

부사장 김은영
콘텐츠사업본부장 임보윤
책임편집 임보윤 **디자인** 윤유정 **책임마케터** 이고은
콘텐츠사업1팀장 한다혜 **콘텐츠사업1팀** 윤유정, 문주연, 조은서
마케팅2팀 이고은, 지석배, 최민경, 이현주
미디어홍보본부장 정명찬
브랜드홍보팀 오수미, 김은지, 이소영, 서가을, 박장미, 박주현
채널홍보팀 김민정, 고나연, 홍수경, 변승주, 정세림
영상홍보팀 이수인, 염아라, 이지연
편집관리팀 조세현, 김호주, 백설희 **저작권팀** 성민경, 이슬, 윤제희
재무관리팀 하미선, 임혜정, 이슬기, 김주영, 오지수
인사총무팀 강미숙, 이정환, 김혜진, 황종원
제작관리팀 이소현, 김소영, 김진경, 이지우, 황인우, 유미애
물류관리팀 김형기, 주정훈, 김선진, 양문현, 채원석, 박재연, 이준희

펴낸곳 다산북스 **출판등록** 2005년 12월 23일 제313-2005-00277호
주소 경기도 파주시 회동길 490
전화 02-702-1724 **팩스** 02-703-2219 **이메일** dasanbooks@dasanbooks.com
홈페이지 www.dasan.group **블로그** blog.naver.com/dasan_books
종이 신승INC **인쇄** 한영문화사 **코팅 및 후가공** 제이오엘엔피 **제본** 국일문화사

ISBN 979-11-306-7082-9 (03320)

· 책값은 뒤표지에 있습니다.
· 파본은 구입하신 서점에서 교환해드립니다.
· 이 책은 저작권법에 의하여 보호를 받는 저작물이므로 무단 전재와 복제를 금합니다.

다산북스(DASANBOOKS)는 독자 여러분의 책에 관한 아이디어와 원고 투고를 기쁜 마음으로 기다리고 있습니다.
책 출간을 원하는 아이디어가 있으신 분은 다산북스 홈페이지 '투고원고'란으로 간단한 개요와 취지, 연락처 등을 보내주세요.
머뭇거리지 말고 문을 두드리세요.